guía

LOS 8
HÁBITOS
DE LOS
MEJORES
LÍDERES

MARCOS WITT

SECRETOS PASTORALES
DEL SALMO 23

Vida®

La misión de Editorial Vida es ser la compañía líder en satisfacer las necesidades de las personas, con recursos cuyo contenido glorifique al Señor Jesucristo y promueva principios bíblicos.

LOS 8 HÁBITOS DE LOS MEJORES LÍDERES, Guía de Estudio
Edición en español publicada por
Editorial Vida – 2014
Miami, Florida

© 2014 por Marcos Witt

Este título también está disponible en formato electrónico

Editora en Jefe: *Graciela Lelli*
Edición: *Marta Liana García*
Diseño interior: *Juan Shimabukuro Design*

ISBN: 978-0-8297-6589-2

Categoría: Iglesia cristiana / Liderazgo

IMPRESO EN ESTADOS UNIDOS DE AMÉRICA
PRINTED IN THE UNITED STATES OF AMERICA

14 15 16 17 18 RRD 6 5 4 3 2 1

CONTENIDO

CONTENIDO

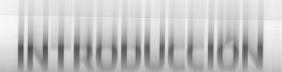

INTRODUCCIÓN

Liderar es un privilegio y ser pastor un deleite, sin embargo, debemos reconocer que somos en extremo inferiores al Pastor de los pastores. Nuestra humanidad nos impide ser líderes perfectos, por ese motivo necesitamos al paradigma ideal: el Buen Pastor. Su ejemplo nos guía, enseña e inspira a luchar para ser líderes más completos.

Para ser mejores líderes no necesitamos el súper manual sobre el tema ni copiar a la iglesia que mejor trabaje. Únicamente es necesario que nos centremos en la Palabra de Dios, donde encontraremos verdaderas joyas que nos permitirán conducirnos de manera adecuada.

En los siguientes capítulos nos sumergiremos en los ocho hábitos que posee un gran líder y que emergen del salmo 23.

Pocos se han percatado de la profundidad y el volumen de las implicaciones para el liderazgo que posee este salmo. En él encontramos ocho de las acciones y los hábitos que Jehová mismo ejecuta como pastor. Allí están los secretos del Buen Pastor.

Esos hábitos se van a traducir en acciones, y luego de establecer un panorama general de a dónde nos lleva el salmo, estudiaremos esas acciones entendiendo que el fin es ser mejores mayordomos de las ovejas del Señor.

Al permitir que el ejemplo que nos ha dado Jehová, el Pastor, penetre y permee nuestros pensamientos y conducta, sentiremos un gozo enorme al liderar. Será ligera la carga. No la veremos como algo difícil, sino que nos traerá la alegría y el gozo de sabernos danzando en su gracia, como pocas cosas que la vida nos puede ofrecer.

La presente guía de estudio pretende que usted comente y considere en grupo estos ocho secretos pastorales del salmo 23. Al hacerlo, tal vez se percate de que ha estado llevando a la práctica algunos, y el estudio en grupo le permitirá profundizar más en ellos y perfeccionar su actuar. Puede también que se dé cuenta de que no ha reparado en otros o que posee notables deficiencias en su manejo.

El hecho de enfocarse en estos hábitos y reflexionar en ellos en grupo le permitirán un mejor aprendizaje, le ayudarán a poner en práctica de forma más eficiente cada ley, y en definitiva contribuirán a que sea cada día un líder más eficiente.

Entonces, recibamos estos ocho hábitos, profundicemos en ellos, retengámoslos, llevémoslos a la práctica y, finalmente, transmitamos esa valiosísima enseñanza que nos brinda el salmo 23.

LOS **8**
HÁBITOS DE LOS

MEJORES
LÍDERES

GUÍA DE ESTUDIO

CAPÍTULO **1**

LA
RESPUESTA A UN
LLAMADO

«YO JEHOVÁ TE HE LLAMADO EN JUSTICIA, Y TE SOSTENDRÉ POR LA MANO; TE GUARDARÉ Y TE PONDRÉ POR PACTO AL PUEBLO, POR LUZ DE LAS NACIONES».

Isaías 42.6

Nunca imaginé que aceptar una invitación a la congregación Lakewood Church, pastoreada por Joel Osteen, cambiaría mi vida y la de mi familia por muchísimos años.

A los pocos meses de esa visita, el pastor Joel Osteen me llamó porque quería que mi esposa Miriam y yo fuéramos a cenar con él y su esposa Victoria. Esa fue la noche que nos lanzó la invitación de fundar

compartiendo el liderazgo. Seríamos parte de los ministerios que la iglesia ofrecía, un departamento ministerial dentro de la congregación general. La única cosa que me pidió específicamente el pastor Joel fue que siempre tuviera una palabra fresca para la congregación cada fin de semana, y me encargara de trazar y comunicar una visión general ocupándome de la capacitación y el desarrollo de un equipo pastoral hispano. De todo lo demás, me dijo él, se encargarían ellos. Por si fuera poco, deseaban que mi predicación semanal fuera grabada para televisión y transmitida por todo el mundo hispano, con fondos provenientes de la tesorería general de la congregación. Me parecía un sueño. ¿A quién no?

El legendario ajedrecista americano Bobby Fisher dijo que para ganar en el ajedrez, como también en la vida: «Tienes que tener espíritu de lucha, forzar los movimientos y sobre todo, aprovechar las oportunidades». Sin embargo, no queríamos apresurarnos. Por algunos meses mantuvimos extensas conversaciones, sesiones de planeación, añadiendo mucha oración y búsqueda del Señor para que finalmente Miriam y yo aceptáramos la invitación de Lakewood Church con mucha alegría en el corazón.

Ese sueño se convirtió en una realidad que tocaría literalmente a millones de vidas. Fundaríamos la congregación el 15 de septiembre de 2002 y nuestras vidas nunca serían iguales. Pronto me daría cuenta del inmenso gozo que siente un pastor al convivir con las personas de su congregación. Disfrutaría una nueva dimensión del rol de liderazgo. Descubriría una satisfacción inigualable al ver a familias restauradas, matrimonios reparados, individuos liberados. Sentiría aquel gozo que solo un pastor puede reconocer. Cada fin de semana, durante los diez años que estuvimos de pastores principales en aquella congregación, veíamos a miles de personas pasar al frente para entregar sus vidas a Jesucristo. Cuán grande es el gozo que siente un pastor al ver esos rostros llenos de lágrimas, vidas quebrantadas encontrando esperanza y fe en Jesucristo, el Señor. Qué privilegio tan grande es llevar a los pies de Jesús al cansado y atribulado para que reciba el descanso del Señor. Nunca me aburrí de ese momento del llamado, semana tras semana al finalizar la predicación. Nunca me cansé de ver ese desfile hermoso de almas rendidas a los pies de mi Señor, y sé que cuando lleguemos a la gloria, me encontraré con grandes multitudes de hombres y mujeres que me abrazarán con alegría y agradecimiento por haberles invitado a tomar la decisión más importante de todas sus vidas: entregar sus vidas a Jesucristo.

Liderar es un privilegio, y ser pastor es un deleite, un gozo. Nunca me aburrí de ser pastor. Por más que la tarea no fuera fácil, nunca me fastidió. Aunque tuve hermanos con quienes trabajar muchas cosas por cambiar, nunca sentí frustración con mi congregación. Solo privilegio y gozo. Me sentí honrado de ser el encargado de alimentar, proteger y cuidar las vidas delicadas y hermosas ante los ojos del Señor, y los míos. Sentí una preciosa y privilegiada responsabilidad de explicarles cómo Dios podría funcionar en sus vidas cotidianas, y de explicarles la Biblia de manera amena y sencilla para que la pudieran entender y aplicar a su realidad.

Desde muchos años antes de mi experiencia en la iglesia Lakewood, una de mis mayores satisfacciones ha sido presenciar ese momento especial en el que se «prende una luz» en el corazón de alguien cuando el Espíritu Santo le abre el entendimiento a una verdad eterna, y la persona la capta, la entiende y la abraza. Qué momento más glorioso es ese cuando el Espíritu Santo, el gran Maestro, prende la luz de la Palabra e ilumina el corazón de los hombres. ¡Qué privilegio es liderar!

RESPONDER AL LLAMADO DE LIDERAR ES UN RETO QUE TRAE RESPONSABILIDADES Y SATISFACCIONES. ¡QUÉ PRIVILEGIO TAN GRANDE ES LLEVAR A LOS PIES DE JESÚS AL CANSADO Y ATRIBULADO PARA QUE RECIBA EL DESCANSO DEL SEÑOR! LIDERAR ES UN PRIVILEGIO, Y SER PASTOR UN DELEITE Y UN GOZO.

1. Al aceptar el llamado a liderar, ¿cómo esa decisión cambió su

2. ¿Por qué la aceptación del llamado debe ser el resultado de una profunda reflexión y meditación, acompañadas de mucha oración y búsqueda del Señor?

_____
_____
_____
_____
_____

3. ¿Cuáles son las mayores satisfacciones que ha recibido como líder de una congregación? Ponga tres ejemplos concretos.

_____
_____
_____
_____
_____
_____

4. ¿Qué calificativos emplea el autor para el acto de liderar? ¿Podría agregar otros dos según su punto de vista.

_____

_____

_____

_____

_____

5. De acuerdo con la experiencia del autor, ¿cuáles son las
   responsabilidades esenciales de un líder?

_____

_____

_____

_____

6. ¿Qué tres consejos le daría a alguien que ha sido llamado a
   liderar por primera vez?

_____

_____

_____

_____

7. ¿Qué connotación tiene para todo aquel llamado al liderazgo el
   texto bíblico que se encuentra en Isaías 42.6?

_____

_____

_____

_____

LOS **8**
HÁBITOS DE LOS
MEJORES
LÍDERES

CAPÍTULO **2**

EL
LIDERAZGO
COMO
GRACIA

«POR LA GRACIA QUE SE ME HA DADO, LES DIGO A TODOS USTEDES: NADIE TENGA UN CONCEPTO DE SÍ MÁS ALTO QUE EL QUE DEBE TENER, SINO MÁS BIEN PIENSE DE SÍ MISMO CON MODERACIÓN, SEGÚN LA MEDIDA DE FE QUE DIOS LE HAYA DADO».

Romanos 12.3, nvi

Hace unos años me hice consciente de la siguiente verdad: si el tan conocido y amado salmo 23 comenzara diciendo «Marcos Witt es mi pastor...», las palabras a coro que terminarían diciendo mis liderados de turno serían: «Todo me faltará». Al contarle esta ocurrencia a mi congregación, la gente siempre se reía. A pesar de que es mi sincero deseo hacer el mejor trabajo como pastor y líder, no puedo evitar el

la perfección.

El día en que los líderes terrenales nos demos cuenta de que las ovejas le pertenecen a Jehová será el día más liberador de nuestras vidas. No son nuestras. Contamos con el privilegio de tener una apertura a sus corazones y decisiones, y de guiarlas por las sendas que el Señor nos muestra en Su palabra. Podemos acompañarlas en sus momentos de triunfo o derrota, asistirlas en su curación, alimentarlas y cuidar de sus vidas, pero al final de todo, Jehová es el Pastor de las ovejas y nosotros no. Nos ha encomendado la tarea de cuidar de ellas, en nombre de Él, pero son propiedad de Jehová, el único perfecto y Buen Pastor.

OVEJAS DE SU PRADO

Muchos líderes y pastores vivimos sumamente desubicados en el tema de la propiedad y la autoridad. Como enseña John Maxwell, con quien he tenido la oportunidad de trabajar de cerca, liderazgo es sinónimo de influencia, y sea que tengamos el rol de pastor o estemos en una posición de liderazgo, lo que nos toca desde una perspectiva cristiana es influenciar a las personas como quiere el Señor.

Por eso, asumimos un papel indebido en cuanto a lo que podemos o no decidir en las vidas de las ovejas si intentamos manipularlas a nuestra conveniencia. Primero, recordemos que no somos dueños de las ovejas. Jehová lo es. En Salmos 24.1 dice: «De Jehová es la tierra y su plenitud; el mundo, *y los que en él habitan*» (énfasis añadido). Todo le pertenece a Él. En el salmo 100.3 leemos: «Pueblo suyo somos, y ovejas de *su* prado» (énfasis añadido). En estos pasajes constatamos que no somos dueños de las ovejas ni de la tierra donde se recuestan ni del pasto que comen. Todo, absolutamente todo, le pertenece al Señor.

Nosotros solo somos administradores de aquello que le pertenece a Él. En ese sentido, tenemos autoridad y responsabilidad limitada en cuanto a las decisiones que podamos tomar en relación a la vida de las ovejas que nos ha encomendado.

NUNCA DEBEMOS OLVIDAR QUE AL FINAL DE CUENTAS, EL DUEÑO DE LAS VIDAS DE AQUELLOS QUE AMAMOS Y CUIDAMOS ES JEHOVÁ. LOS MEJORES LÍDERES CRISTIANOS NUNCA OLVIDAN ESTA PREMISA FUNDAMENTAL. ¡LIDERAR ES UN PRIVILEGIO Y NO UN DERECHO!

Cuando tenemos la oportunidad de ser agentes de la dimensión espiritual y catalizadores de la obra de Dios en la vida de otras personas, tenemos que admitir que es una gracia que podamos ser instrumentos del amor de Dios. Por esa razón, me da mucha tristeza cuando veo a líderes operar con una autoridad excesiva, incluso hasta abusiva, sobre las ovejas, y me da pena por ellos al observar que simple y sencillamente no entienden su papel como pastores terrenales en las vidas de personas que no les pertenecen. Igualmente, me da mucha pena por las ovejas que están siendo sometidas a una autoridad incorrecta y desmesurada, viviendo como esclavas ante este líder o pastor que no entiende que su autoridad no es absoluta sobre sus vidas.

A los líderes cristianos nunca se nos debe olvidar que somos solamente mayordomos. Igualmente, a la oveja nunca se le debe olvidar que su pastor es Jehová. En ese delicado y correcto balance, podemos ser de bendición el uno para el otro y vivir gozosos, descubriendo todos los pastos delicados que nuestro pastor Jehová ha preparado para nosotros. Como pastores, qué alegría es llevar a las ovejas a esos pastos, provistos por nuestro Señor. Como ovejas, es un deleite gozar de los pastos delicados y las aguas de reposo que nuestro pastor terrenal nos ha ayudado a descubrir bajo la guía, la tutela, la autoridad y el cuidado de Jehová, el Pastor de todos los pastores. No nos desubiquemos ni el uno ni el otro. Hay una perfecta armonía y equilibrio en que el pastor terrenal esté sometido al Pastor Principal y que la oveja esté sometida a su pastor terrenal, sabiendo que este vive sometido a Jehová, a quien rendirá cuentas como dueño único de todas las cosas. Mantener esa sincronía es un arte que consiste en estarnos recordando constantemente quiénes somos en relación con aquellos que nos siguen y que han encomendado su cuidado espiritual en nuestras manos. Es un constante y diario ejercicio de humillación ante Jehová, el Pastor. Es una entrega diaria de nuestros pensamientos, nuestras opiniones y decisiones al Pastor de pastores.

EN DIÁLOGO CON EL DUEÑO

Los que somos pastores terrenales somos solo mayordomos de un

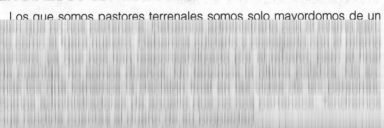

autoridad que no hemos recibido. Dialoguemos con el dueño. No es nuestro lugar imponer a las ovejas cómo vivir sus vidas sin consultar a su Señor. Es nuestro lugar instruirlas, mostrarles el camino por donde deberían andar según la opinión de Dios. Debemos enseñarles los principios de la Palabra que los llevará a tener una vida triunfante, sobre el pecado, sobre Satanás, sobre los malos caminos y desaciertos. Pero los dueños de las ovejas no somos nosotros.

Ovejas, no les entreguen esa autoridad a sus líderes terrenales. Aprendan a discernir cuándo es que el líder, o aun su jefe, está rebasando su autoridad limitada. El pastor terrenal que tenemos es un consejero, maestro y guía con responsabilidad limitada, de quien aprendemos por su amplia experiencia, corazón bondadoso, conocimiento en la Palabra y ejemplo de vida. Sin embargo, nunca se nos olvide que como ovejas tenemos sacerdocio personal ante el Padre celestial, y nadie puede robarnos ese privilegio, ya que fue adquirido con sangre preciosa y Divina que Jesús vertió en la Cruz del Calvario. Nunca le entregue autoridad ilimitada a un hombre o mujer que, al igual que usted y yo, debe vivir sometido al dueño de todas las cosas, rindiéndole cuentas a Él por el estado de Sus propiedades. Usted y yo somos ovejas de Su prado. Esa palabra, *Su*, se refiere a Jehová, el Pastor, no a nuestros pastores terrenales. Como ovejas, aprendamos a discernir cuándo el mayordomo se está pasando de los límites como administrador de nuestras vidas.

EL BALANCE DEL SOMETIMIENTO LIBERADOR

Se encuentra una gran seguridad en entender este balance delicado: los pastores terrenales estamos sometidos al Pastor Jehová. Las ovejas están igualmente sometidas a Jehová, su dueño. Al mismo tiempo, la oveja está recibiendo ayuda, dirección, alimento, protección, cobija, seguridad de parte de su pastor terrenal, quien sirve de mayordomo y administrador del rebaño. El pastor no tiene autoridad ilimitada. La oveja tiene un recurso cuando el mayordomo está rebasando sus límites de autoridad: Jehová, el Pastor.

Cuando todo el mundo está funcionando dentro de los parámetros correctos, existirá un rebaño saludable. Habrá ovejas saludables, familias saludables, individuos saludables e, incluso, líderes saludables porque nadie estará llevando una carga que no le corresponde.

Los rebaños de ovejas de Dios saludables son un impacto en la sociedad. Son luz. Su testimonio y ejemplo son de bendición a su entorno, su ciudad y país. ¡Cuando las familias son saludables, la sociedad cambia por completo!

Usted y yo debemos tener claro que la manera en que podemos tener familias sanas es conociendo cómo funciona este precioso balance de entender cuáles son nuestros roles como pastores y ovejas. Todo se mantiene en balance cuando se lleva correctamente. El momento en el que uno u otro salen del balance, se desequilibra todo. Es cuando comienzan los abusos, los golpes, los excesos y lo insano. Por eso, al escribir estos pensamientos, deseo que sirvan para ayudarnos tanto a los líderes como a las ovejas a saber cómo funciona este precioso y delicado balance que el Señor ha implementado para nuestra salud personal y espiritual.

HAY UNA PERFECTA ARMONÍA Y EQUILIBRIO EN QUE EL PASTOR TERRENAL ESTÉ SOMETIDO AL PASTOR PRINCIPAL Y QUE LA OVEJA ESTÉ SOMETIDA A SU PASTOR TERRENAL, SABIENDO QUE ESTE VIVE SOMETIDO A JEHOVÁ, A QUIEN RENDIRÁ CUENTAS COMO DUEÑO ÚNICO DE TODAS LAS COSAS.

2. Mencione tres aspectos que le permiten darse cuenta de que como líder se encuentra lejos de la perfección.

3. ¿Qué significa la afirmación de John Maxwell que señala: «Liderazgo es sinónimo de influencia?». Argumente.

4. Ponga un ejemplo de líder de su radio de acción que sea de influencia para los demás.

_____

_____

_____

_____

_____

5. ¿Cuál es la premisa fundamental que nunca deben olvidar los líderes cristianos?

_____

_____

_____

_____

6. ¿Por qué liderar es un privilegio y no un derecho?

_____

_____

_____

_____

7. Ponga algunos ejemplos de actitudes que demuestren que un líder no entiende su papel como pastor terrenal en la vida de personas que no le pertenecen?

_____

_____

_____

_____

8. ¿Cómo definiría, en una sola palabra, la función del pastor terrenal en relación con sus ovejas? ¿Por qué?

_____
_____
_____
_____

_____
_____
_____

10. ¿Al estudiar este capítulo se ha dado cuenta de que como líder, en ocasiones se ha pasado de los límites en su relación con el rebaño? Explique.

_____
_____
_____
_____
_____

11. ¿De qué recurso dispone la oveja cuando el líder está rebasando sus límites de autoridad?

_____
_____
_____
_____
_____

12. Exponga tres bendiciones que sobreabundan cuando existe un balance entre roles de pastores y ovejas.

_____

_____

_____

_____

LOS **8**
HÁBITOS DE LOS
MEJORES
LÍDERES

GUÍA DE ESTUDIO

CAPÍTULO 3 UN
BUEN PASTOR

> «PALABRA FIEL: SI ALGUNO ANHELA OBISPADO, BUENA OBRA DESEA».
>
> 1 Timoteo 3.1

Ser pastores no es lo mismo que ser buenos pastores. Llegar a serlo y tener el título puede significar un logro para algunos, pero no es un logro para la gente. El logro de ser pastores es celebrado cuando somos la clase de pastores que hacemos bien el trabajo que nos encargó Dios y ayudamos a las personas a alcanzar su potencial y cumplir el sueño de Dios para sus vidas. Si no logramos ser eficaces

de la problemática hace de una falta de entendimiento los parámetros correctos para ser un buen líder. Me parece que muchas veces nos encontramos haciendo trabajo que no solo es innecesario, sino que ni siquiera nos corresponde. Incluso he visto a pastores culpar a las ovejas por su cansancio y frustración personal. Lo más triste es ver cuando las ovejas mismas se dan cuenta de que las cosas andan mal con sus pastores y no saben qué hacer ni cómo comportarse. Se enteran de que todo les molesta y nada les satisface. Harían cualquier cosa por verlos bien y lo hacen, solo para encontrarse con que los pastores siguen frustrados y malogrados. ¿Por qué? ¿Por qué llegan a estar en esa condición estos líderes? ¿Qué fue lo que les sucedió para llevarlos a tal punto de angustia y frustración? La respuesta es tan sencilla que casi me da pena dársela: el no seguir, como líderes, los principios que el Señor nos encargó a cada pastor en el salmo 23.

Así es, leyó bien: los principios para pastorear que se encuentran en el salmo 23. La mayoría de nosotros catalogamos el salmo 23 como un salmo devocional o inspiracional. Parece ser que alrededor del mundo entero solamente lo utilizamos para los funerales o situaciones de peligro. Sin embargo, pocos se han percatado de la profundidad y el volumen de sus implicaciones para el liderazgo. Allí encontramos los secretos de «el Buen Pastor».

SER PASTORES NO ES SINÓNIMO DE SER BUENOS PASTORES. PARA SER EFICACES DEBEMOS TENER EN CUENTA LOS PRINCIPIOS PARA PASTOREAR QUE EL SEÑOR NO ENCARGÓ EN EL SALMO 23. ALLÍ APARECEN OCHO DE LAS ACCIONES Y LOS HÁBITOS QUE EL PROPIO JEHOVÁ EJECUTA COMO PASTOR.

MI MOMENTO DE REVELACIÓN

En los primeros días de mi pastorado en Houston, me encontraba en el pequeño estudio de mi casa, reflexionando en la Palabra y pidiéndole al Señor que me mostrara cómo ser un buen pastor. Cuando usé la frase «buen pastor», mis pensamientos se fueron al salmo 23: «Jehová es mi pastor...». Al reflexionar en esa frase, me di cuenta de que en ella, Jehová es caracterizado como pastor. De inmediato, me hice la siguiente pregunta: «Si Jehová es pastor, entonces ¿cómo pastoreará Él?». Así de sencillo. ¿Cómo pastoreará el Pastor de todos los pastores? ¿Cuáles serán sus secretos, hábitos, parámetros y lineamientos para ser un buen pastor? Obviamente, quisiera ser un pastor como Él. Así que, ¿cómo lo puedo emular? ¿Qué cosas puedo ver que Él hace para implementarlas en las que yo estoy haciendo y en la tarea que voy a desarrollar? Fue en esa secuencia de preguntas que encontré los ocho principios y hábitos para ser un buen pastor. Ocho parámetros sencillos que si los seguimos, seremos pastores y líderes cristianos realizados y triunfantes. Ocho parámetros que nos alejarán de la frustración y la angustia que sentimos muchos pastores con esa responsabilidad. Ocho parámetros que al aplicarlos, revolucionarán la manera en que pastoreamos. Son los mismos principios que vemos usar a Jehová.

Jehová es mi pastor; nada me faltará.
En lugares de delicados pastos me hará descansar;
Junto a aguas de reposo me pastoreará.
Confortará mi alma;
Me guiará por sendas de justicia por amor de su nombre.
Aunque ande en valle de sombra de muerte,
No temeré mal alguno, porque tú estarás conmigo;
Tu vara y tu cayado me infundirán aliento.
Aderezas mesa delante de mí en presencia de mis angustiadores;
Unges mi cabeza con aceite; mi copa está rebosando.
Ciertamente el bien y la misericordia me seguirán todos los días de mi vida,
Y en la casa de Jehová moraré por largos días.

(Salmos 23)

1. ¿Por qué se puede afirmar que ser pastor no es lo mismo que

2. ¿Cuándo podemos celebrar el logro de ser pastores?

_____
_____
_____
_____
_____

3. En una escala del 1 al 10, de qué manera se calificaría como pastor. ¿Está de acuerdo esa calificación con la opinión de sus ovejas?

_____
_____
_____
_____

4. ¿Por qué algunos pastores reflejan descontento y frustración en su trabajo como líderes?

_____
_____

LOS **8** HÁBITOS DE LOS **MEJORES LÍDERES** | GUÍA DE ESTUDIO

_____

_____

5. ¿Qué tres consejos les daría a esos pastores para que se
    sientan realizados en su liderazgo?

    _____

    _____

    _____

    _____

6. ¿Por qué considera que el autor se refiere al salmo 23 como un
    texto con grandes implicaciones para el liderazgo?

    _____

    _____

    _____

    _____

    _____

7. ¿Qué hace en la actualidad para desarrollarse como un buen
    pastor?

    _____

    _____

    _____

    _____

8. Mencione tres desafíos que ha tenido que enfrentar para
    acercarse al modelo del Pastor de los pastores.

    _____

    _____

    _____

    _____

28

7777777

9. ¿Puede memorizar cada uno de los ocho principios y hábitos que aparecen en el salmo 23?

_____

_____
_____
_____
_____

11. ¿Con cuál de esas personas se identifica más y por qué?

_____
_____
_____
_____

12. Mencione otros dos pasajes de la Biblia, aparte del salmo 23, que también nos enseñen cómo ser buenos pastores.

_____
_____
_____
_____
_____

LOS **8**
HÁBITOS DE LOS

MEJORES
LÍDERES

GUÍA DE ESTUDIO

CAPÍTULO **4** LA
PROVISIÓN

«JEHOVÁ ES MI PASTOR; NADA ME FALTARÁ».

Salmos 23.1

La primerísima tarea del buen pastor es proveer. Dios nos regala la extraordinaria responsabilidad de velar por la salud y el bienestar general de nuestras ovejas. Cuán grande es el privilegio y la responsabilidad. Si tomamos la misma frase: «Nada me faltará» y la volteamos al revés,

que el afamado presidente norteamericano Abraham Lincoln aseguró que «es más fácil reprimir el primer capricho que satisfacer todos los que le siguen».

Muchas personas, desafortunadamente, piensan que Dios es algún tipo de Santa Claus cósmico que se encarga de escuchar sus listas largas de lo que necesitan, quieren, desean o anhelan. Muchos viven una vida de constante petición. En mi país, México, les llamamos «pediches». Personas que solo se la viven pide y pide. A eso no se refiere este pasaje, sino a la verdad, que el Señor se encargará de tener suplidas todas y cada una de nuestras necesidades, según su perfecto conocimiento de ellas. La Palabra dice que Él conoce nuestras necesidades aun antes de que nosotros pidamos por ellas (Mateo 6.8). Adicionalmente, producto de Su gracia, favor y bondad eternas, también nos satisfará, en muchas ocasiones, con sorpresas, regalos y detalles que nos harán amarlo más y más (Mateo 7.11).

Tomando su ejemplo, siendo líderes, nosotros, como los pastores encargados de Su rebaño aquí en la tierra, tenemos la misma encomienda. Así que, igual que Él, nuestra primera responsabilidad hacia las ovejas es proveer para ellas de manera inteligente y con visión de futuro. Nos corresponde vivir con el compromiso de que las ovejas estén satisfechas, sanas y seguras. Si ellas se encuentran bien, todo marchará bien. Si no lo están, el pastor vivirá la constante frustración de atender sus enfermedades, pleitos, inseguridades y cuánta cosa más que viene con tener ovejas desprotegidas e insanas. Si nos aseguramos de la buena salud de las ovejas, reduciremos mucha frustración y angustia en el trabajo, ya que las ovejas que menos problemas dan son las que están sanas y bien alimentadas.

Hay muchas cosas que el pastor debe y puede hacer para asegurarse de que las ovejas se encuentran sin necesidades. Las indispensables son:

1. Alimento.
2. Cobija.
3. Ambiente.

ALIMENTO

Hay un dicho popular que reza: «Somos lo que comemos». Lo mismo se puede decir del estado espiritual en el que se encuentran nuestras ovejas. Como pastores, nos corresponde alimentarlas sanamente para que puedan crecer hacia la madurez que el Señor desea de cada una de ellas. Parte de esa responsabilidad es asegurarnos de que en alguna manera las ovejas tengan acceso a lo básico y elemental que necesitan para ser sanas. Por decirlo de alguna forma, sus vitaminas y minerales. Aquello que quizá no les llame la atención pero que es importante para que crezcan con salud. En este punto me refiero a las enseñanzas básicas y fundamentales de nuestro evangelio, que cada oveja debe conocer.

¿Qué tenemos que hacer? Ponerle atención al entrenamiento básico de la Palabra. Establecer sistemas de aprendizaje permanentes en nuestro programa semanal, que faciliten que todo el mundo pueda aprender lo básico. Organícelos de tal manera que sean accesibles en cuanto a horarios y días que se ofrezcan estos estudios. Además, que tengan un sentido de permanencia y facilidad de ingreso o registro para que nadie tenga excusas y diga que no pudo estudiar. Accesibilidad y permanencia son dos columnas que deben sostener la enseñanza de los principios fundamentales de la Biblia en toda congregación.

Gran parte de la alimentación sucede en las reuniones generales. Como pastores, nos encargamos de la alimentación semanal de nuestras ovejas. Pongamos atención a los detalles. La responsabilidad de la mesa es nuestra. De nadie más. Una buena comida requiere de buena preparación, pensada con mucho tiempo y preparada con un gran esfuerzo. Cada comida requiere anticipación y estrategia. El cocinero tiene que asegurarse de que ha reunido todos los elementos necesarios para lo que ha planeado cocinar. Igual el pastor a la hora de preparar la comida de sus ovejas debe haber considerado todos los ingredientes que usará para la buena alimentación. No puede ser algo hecho al azar. Debe ser bien preparado.

En mi caso, utilizo tres ingredientes básicos: práctico, relevante y divertido.

Práctico. Uno de mis más grandes deseos al enseñar la Palabra es que las personas puedan comprender que la verdad de Dios funciona en cada aspecto de sus vidas. Por esa razón, siempre busco, como

manos, y este tiene el potencial de convertirse en una charla motivacional con citas bíblicas pero que no son analizadas en profundidad. Esto producirá ovejas superficiales. Poco profundas y mal preparadas para cuando lleguen las grandes tormentas que la vida tiende a enviarles de vez en cuando.

No es saludable extremar en ninguno de los dos lados. Como alimentador me hago siempre la siguiente pregunta: «¿Cómo puede el oyente aplicar esta enseñanza a su vida práctica?». Es mi tarea darle las herramientas que necesite para saber vivir la Palabra de Dios. Adicionalmente, tengo que ayudarlo a pasar de ser «oidor» de la Palabra, hasta que se convierta en «hacedor» de ella (Santiago 1.22). Esta es una de mis tareas como su pastor: auxiliarlo a poner en práctica la Palabra de Dios en cada aspecto de su vida.

Recuerde que no enseñamos la Palabra para impresionar a nadie. La enseñamos para que las ovejas la puedan conocer, abrazar y aplicar.

Relevante. El primo hermano de la practicidad es la relevancia. Cuando hablamos de relevancia, tenemos que preguntarnos: «¿Cuáles son las preguntas que la gente se estará haciendo?» «¿Cuáles serán las dudas para las que aún no hay respuesta en su corazón?». Cuando descubramos las respuestas a esas dos interrogantes, sabremos un poco más de cómo dirigir nuestra enseñanza. Es de absoluta importancia contestar las dudas que tienen sus ovejas porque si no reciben explicación de parte suya, la buscarán en otro lado, con otro pastor que quizá no abrace los mismos valores que los suyos. Si su oveja está tan hambrienta de relevancia, no se sorprenda cuando sepa que anda buscando otros pastos a dónde comer. Si el pasto que usted le está proveyendo no es lo suficientemente apetecible, el hambre será un factor inmensamente motivacional para hacer que la oveja busque nuevos horizontes. Al preparar el alimento semanal, pregúntese: «¿Esta enseñanza estará contestando algunas de las preguntas que tienen mis ovejas?». Obviamente, en una enseñanza jamás abarcaremos todas las preguntas que tienen, pero si poco a poco vamos contestando algunas, de a una por una, es mucho mejor que la alternativa.

Una ayuda adicional para saber cómo ser un comunicador relevante la encontré en un amigo mío de Perú. No estoy seguro si la frase se originó con él, pero a él se la escuché por primera vez. El pastor Robert Barriger me lo explicó de esta manera: «Marcos, para ser un comunicador relevante solo tenemos que rascar donde pica». «Rascar donde pica» se convirtió en uno de los principales filtros al preparar el alimento semanal para mis congregantes.

Divertido. Me gusta reír. Creo con todo mi corazón que Dios nos dio el buen humor como uno de sus más grandes regalos. Si no pudiéramos reír, moriríamos todos una muerte prematura y sin gloria. Dios conocía que viviríamos muchas cosas muy difíciles, tristes, complicadas y confusas. Por eso, nos dio el buen humor. Si realmente creemos que fuimos hechos a Su imagen y semejanza, entonces entenderemos que Dios también se sabe reír. De hecho, creo que cuando Dios creó algunos de los animales, se rio al hacerlo.

Me parece que utilizar el buen humor en nuestros mensajes es similar a darle una buena sazón al alimento. Es el condimento. La sal y la pimienta. El chile y la salsa. Si nunca le pusiéramos condimento a los alimentos, sabrían a nada. De ahí la palabra «desabrida». Muchos me critican por utilizar el humor en el púlpito de la enseñanza. Consideran que es una falta de respeto. Lamento que tengan esa opinión, pero le puedo asegurar que en mi corazón no existe nada más que respeto absoluto por Dios, por Su palabra y por Su pueblo. También respeto la posición que se me ha dado de líder y alimentador de las ovejas. Es por gracia que he recibido liderazgo. Tomo tan en serio mi papel que siempre estoy buscando maneras de mejorar y de ser más efectivo en mi tarea de alimentar. Pongo mucha atención y cuidado en la preparación del alimento. Así que el humor lo utilizo no por ser ligero ni por una falta de respeto, sino con el afán absoluto de que las ovejas puedan digerir apetiblemente los principios poderosos de la Palabra.

El cumplido más grande que he recibido al predicar es cuando la gente me ha dicho: «Me gusta cómo explica la Biblia. Cuando usted la explica, la puedo entender. ¡Ah!, y también me gusta que nos hace reír». Un buen alimento merece un buen condimento.

COMO PASTORES TENEMOS LA GRAN
RESPONSABILIDAD DEL ALIMENTO ESPIRITUAL DE
LAS OVEJAS. PARA QUE ESE ALIMENTO LLEGUE DE
LA MEJOR FORMA, DEBE SER BIEN PREPARADO; POR

algún lobo a devorarse alguna. Igualmente, se asegura de que estén bajo algún tipo de protección. Prepara alguna pequeña estructura que las cuide de los elementos de la naturaleza, la lluvia o el frío. En algunos casos específicos, si alguna de sus ovejas está batallando más que las otras, les coloca una especie de cobija especial para darles protección y cuidado adicional. Como pastores tenemos el privilegio de darles cobija a nuestras ovejas. Una cobija tiene dos propósitos principales: primero, la protección del frío; segundo, un sentimiento de seguridad.

Protección del frío. La vida golpea fuerte y cruelmente a las personas. Es una realidad que enfrentamos todos los días aquellos que tenemos bajo nuestro cuidado a las ovejas. No hay forma de evadirlo. Como pastores nos corresponde tener firme la resolución de abrazar a las ovejas en su momento de fragilidad y tormento. Siempre correrán hacia nosotros en el momento de su desesperación. A veces nos preguntarán cosas difíciles de contestar. Se descargarán en nosotros, diciéndonos cosas irrepetibles acerca de otras personas o situaciones, fruto de su frustración o angustia extrema. Le pegarán de gritos a Dios preguntándole por qué habrá permitido esta o aquella circunstancia. Se refugiarán en nuestro abrazo, en nuestra oración, en nuestras palabras. Así tiene que ser. Para eso estamos los pastores. ¡Qué privilegio que corran a nosotros primero! El poderlos proteger en esos momentos difíciles es parte de nuestra tarea y privilegio como pastores.

Sentido de seguridad. La otra parte de proteger a las ovejas es mostrar absoluta confiabilidad. Los pastores tenemos que ser excelentes confidentes. Nuestras ovejas deben poder confiarnos sus más íntimos secretos, sabiendo que lo han entregado en un puerto seguro porque lo han hablado nada más y nada menos que con su pastor. Nunca las ovejas deberían dudar o sospechar que su pastor usará esa información en su contra ni para tomar represalias contra ellas. ¡Imposible! Es otra de las maneras en que el buen pastor protege a sus ovejas. Les da un sentimiento de seguridad. Además, las ayuda a buscar soluciones. Recuerde que muchas veces en tiempo de crisis, el ser humano no piensa correctamente. Cuando la persona se ve presionada, frustrada, atacada o se encuentra en estado de emergencia, toma malas decisiones, creando así, muchas veces, problemas aun más grandes. Tenemos que ayudarla a razonar en esos momentos, a no ser drástica, y mucho menos violenta. Que se sienta segura bajo nuestro cuidado.

> LA SEGUNDA TAREA DEL PASTOR COMO PROVEEDOR ES DAR COBIJA. PROTEJA A LAS OVEJAS EN SUS MOMENTOS DIFÍCILES Y PERMITA QUE SE SIENTAN SEGURAS A SU LADO.

AMBIENTE

Cada familia tiene su propio ambiente. Hay algunas familias que son muy serias y formales. Otras más casuales y relajadas. También existen esas familias, como la mía, que son ruidosas y llenas de hilaridad. Al paso del tiempo, cada familia ha ido descubriendo su expresión familiar particular. En la mayoría de los casos, esta expresión es en gran parte influenciada por las cabezas del hogar, por el simple hecho de que los hijos se parecen a los papás. En la congregación de ovejas es similar. El pastor tiene el privilegio de determinar qué clase de ambiente desea que haya en la casa. Es el encargado del «tono» ambiental. Se encarga de educar y enseñar a los miembros de la familia a comportarse e interactuar unos con otros. Adicionalmente, mucho de lo que las ovejas aprenderán será por el ejemplo y proceder del pastor mismo. Como es él, serán ellas.

Mi compromiso de pastor era que nuestro ambiente sería uno de mucha afirmación, amor incondicional y alegría. Le llamaba las tres A para un buen ambiente: afirmación, amor incondicional y alegría.

Afirmación. Siempre dando palabras de ánimo y bendición. Un compromiso de recordarles a las ovejas su futuro, no su pasado, lo que llegarán a ser, no lo que han sido. Una palmada en la espalda, un «creo en ti» cuando la oveja misma no creía en ella. La afirmación es una de las más potentes herramientas que puede utilizar el pastor para sacar del fango de su pasado a una oveja. Utilice la afirmación intencionalmente.

Amor incondicional. Aceptando a las personas tales y como son. No tratando de cambiarlas, ya que reconocemos que no es esa nuestra tarea, sino la del Espíritu Santo. A nosotros nos toca amarlas, abra-

gregación. Esto no quiere decir que siempre se la pasan a risa y risa, pero sí habla de que existe un compromiso consciente de hacer que la casa sea un lugar alegre. Que no haya sombras de tristeza en el lugar de reunión.

PARA CREAR UN BUEN AMBIENTE EN EL CUAL SUS OVEJAS SE SIENTAN A GUSTO, BRÍNDELES LAS TRES A: AFIRMACIÓN, AMOR INCONDICIONAL Y ALEGRÍA.

QUÉ GRAN TAREA FUE DEPOSITADA EN NUESTRAS MANOS. EL SEÑOR NOS PERMITE CUIDAR DE SU REBAÑO Y BRINDARLES A LAS OVEJAS LO QUE NECESITAN PARA QUE PUEDAN CRECER Y CUMPLIR CON EL LLAMADO QUE ÉL HA PUESTO EN CADA UNO DE SUS CORAZONES. NOS CORRESPONDE PROVEERLES DE BUEN ALIMENTO, COBIJA Y AMBIENTE. CUANDO NOS ENCARGUEMOS DE TENER OVEJAS SANAS, TENDREMOS UN REDIL SANO, CRECIENTE Y ABUNDANTE.

1. ¿Cuál es la tarea número uno de un buen pastor?

   _____

   _____

   _____

   _____

2. Según su punto de vista, ¿cuál es el significado exacto de la frase «nada me faltará»?

   _____

   _____

   _____

   _____

   _____

3. Enumere los tres aspectos indispensables que un pastor debe tener en cuenta para asegurarse de que sus ovejas tengan satisfechas sus necesidades.

   _____

   _____

   _____

   _____

   _____

4. ¿Cuáles son las dos columnas que deben sostener la enseñanza de los principios fundamentales de la Biblia?

   _____

   _____

5. ¿De qué manera práctica podemos asegurarle el alimento

6. ¿Cuáles son los tres ingredientes básicos que utiliza el autor en la preparación del alimento semanal para las ovejas? Explique brevemente cada uno de ellos.

7. ¿Cuáles son los propósitos principales de la segunda tarea de provisión que se centra en cobijar? Explíquelos.

8. ¿A qué se refiere el autor cuando habla de las tres A para crear un buen ambiente. Haga referencia a cada una de ellas.

9. De los tres aspectos que el pastor debe tener en cuenta para asegurarse de que sus ovejas tengan satisfechas sus necesidades: alimento, cobija y ambiente, ¿cuál considera que es su fuerte y en cuál debe hacer más hincapié? ¿Por qué?

_____

_____

_____

_____

_____

10. ¿Qué está haciendo en la actualidad o hará para mejorar en alguno de estos aspectos?

_____

_____

_____

_____

_____

11. ¿De qué manera pone en práctica en su congregación estos tres componentes: alimento, cobija y ambiente?

_____

_____

_____

_____

_____

12. ¿Puede mencionar un ejemplo de líder que usted considere un paradigma en la aplicación de estos tres componentes?

_____

_____

_____

_____

_____

LOS **8**
HÁBITOS DE LOS
MEJORES
LÍDERES

GUÍA DE ESTUDIO

CAPÍTULO **5** LA
VITALIDAD
DEL DESCANSO

> «EN LUGARES DE DELICADOS PASTOS ME HARÁ DESCANSAR».
>
> Salmos 23.2

Una de las más peligrosas mentalidades es la de medir la espiritualidad de las ovejas en base a la cantidad de trabajo que hacen «para
el Señor». Hacer equivalentes espiritualidad y trabajo es un error. Hacemos creer a las personas que mientras más ocupadas estén, más

Utilizamos frases como: «Mira cuán entregado está

a ser catalogados como hermanos

de entrega al Señor», o alguna de las muchas otras frases que se
emplean para manipular a las ovejas con el fin de que sigan trabajan-
do en la viña del Señor, sin hacer ruido alguno. Cansadas y calladas.
Lamentable, pero cierto. Pastores, rendiremos cuentas sobre el estado
de cansancio en el que se encuentran algunas de nuestras ovejas.
Es nuestra tarea traerlas al descanso del Señor. El hacerles creer que
si trabajan más para el Señor serán más espirituales, no es tan solo
someterlas a un legalismo peligroso, sino también a yugos espirituales
que Cristo rompió en la Cruz del Calvario.

Cristo declaró: «Vengan a mí todos ustedes que están cansados y
agobiados, y yo les daré descanso» (Mateo 11.28, NVI). Como pastores, debemos desear colaborar con esta gran obra y promesa de
Cristo. Debemos buscar todas las maneras posibles para que las ovejas entren en el descanso del Señor. Debemos entender que la espiritualidad no se mide por la cantidad de trabajo que me produce esta
o aquella oveja. Debemos emplear programas y sistemas donde estemos asegurándonos de que las ovejas cansadas tengan el descanso
necesario. Debemos entender que hasta Dios mismo descansó en el
séptimo día. Piense en eso. Si Dios mismo se tomó una pausa, ¿quiénes somos nosotros para no tomarla?. Ninguno de nosotros somos mejores o más espirituales que Dios. Si Él descansó, también nosotros
debemos hacerlo.

Descansar es indispensable para seguir siendo creativo. La palabra *recrear* lo dice claramente: «volver a ser creativo». Cuando nos
recreamos, volvemos al descanso y nos vuelve a visitar la creatividad.
Cuando tratamos de forzar la creatividad sin haber tomado el tiempo
necesario para recrear, nuestra creatividad será mediocre. Aprendamos a entrar en el descanso del Señor.

COMO PASTORES TENDREMOS QUE RENDIR CUENTAS DEL ESTADO DE CANSANCIO EN QUE SE ENCUENTRAN LAS OVEJAS. PERMITA QUE TENGAN EL DESCANSO REQUERIDO, GARANTÍCELES PROGRAMAS Y SISTEMAS QUE LES ASEGUREN EL DESCANSO.

Las ovejas cansadas no rinden igual. Se frustran. Se enojan más fácilmente. Se quejan. Se enferman. Se molestan. Ni siquiera son agradables las ovejas cansadas. Con razón hay tanto pastor insatisfecho con su rebaño. Las tiene tan cansadas por el trabajo para el Señor que todas se le han rebelado y enfermado. Pero es culpa del mismo pastor. Nadie más puede aceptar esa responsabilidad.

¿CÓMO PODEMOS LLEVAR A LAS OVEJAS AL DESCANSO DEL SEÑOR?

Estamos hablando de ser intencionales en asumir nosotros la responsabilidad de seducir a las ovejas hacia el descanso, y por eso debemos:

1. Enseñarles que no es pecado descansar.

Rompiendo la mentira de que si trabajan más, tendrán más aceptación con el Señor. Eso no solo es incierto, sino antibíblico. Jesús vino a llevar todas nuestras cargas en la Cruz del Calvario. No podemos hacer nada más para ganar su aprobación o cariño. Cuando Él declaró «consumado es», se selló la obra de la gracia. Comenzó una nueva era de victoria bajo la gracia de Dios. Algo que no merecemos ni podemos comprar con favores, trabajo ni dinero. Algo que solo podemos recibir por fe, gratuita y libremente. Algo que no tiene nada que ver con nuestro comportamiento ni rendimiento. Solo tiene que ver con Su enorme capacidad de amarnos incondicionalmente. Esto tenemos que enseñarlo a nuestras ovejas. Ayudarles a entender que Jesús lo terminó todo en la Cruz. Que solo tenemos que recibir Su amor, favor, bondad, misericordia y todos los demás regalos que tiene para darnos. Vivir en el descanso del Señor es vivir en Su gracia.

2. Ayudarlas a entender lo que es vivir en un balance.

Trabajar pero no obsesionarse con el trabajo ni ser excesivos. Enseñarles que está bien que tomen descansos de sus tareas, no solo en la iglesia, sino en los trabajos de sus fuentes de ingresos. Que se vayan a pasear con sus familias. Que puedan ver otras opciones de ministerio dentro de la congregación o simplemente tomar un tiempo de descanso en el que solo estén sentadas recibiendo. La cultura de la casa es determinada por el pastor. Si él es obsesivo con que todos trabajen, así serán las ovejas. Si él es cuidadoso en enseñar a las ovejas a descansar, así serán ellas. El pastor tiene tanto el privilegio como la ~~responsabilidad de establecer la cultura de la casa~~. Así que establez-

Planificar un calendario inteligente ~~es~~ cometemos el error de cambiar constantemente los programas. Asistimos a un Congreso de Pastores en algún sitio donde trabajan de esta o aquella manera. De pronto queremos montar un programa igual dentro de nuestra iglesia. Volvemos de ese evento a cambiar y modificar todo. Muchas veces, el pastor no se da cuenta de que esos cambios tienen el potencial para crear frustración en las ovejas. No solamente las que están en el ministerio con él, sino las que están sentadas en las sillas cada semana.

Por eso, la palabra clave en esta sección es *continuidad*, o si quiere una alternativa: *estabilidad*. La continuidad trae descanso. Se lo aseguro. Antes de cambiar un programa por otro, consulte a muchos de los miembros de su staff. Hable con algunas de las ovejas de su congregación. Determine si es algo necesario, en lugar de regresar de ese evento donde usted se emocionó con algo nuevo y distinto. No todos los programas que vemos en otras iglesias los tenemos que armar en la nuestra. Ni hablar de saber si funcionará o no. La continuidad traerá descanso. Cuando al fin es tiempo de cambiar un programa porque ya no funciona o porque se ha encontrado algo mejor, hay que hacerlo. Pero que se haga de tal manera que no deje exhaustas a las ovejas.

4. No «trasquilar» constantemente a sus ovejas.

Se ha dicho, en son de broma, que algunos pastores lo único que quieren de las ovejas es su dinero. Cuidado. Siempre «trasquilándolas» para ver cuánto pueden dar es manipulación y tarde o temprano esto cansa y lastima a las ovejas. Creo poder decir con la absoluta autoridad de la experiencia que una de las razones más nombradas por las que muchas personas dejan de asistir a ciertas iglesias es por sentirse víctimas de la presión que reciben de parte de sus pastores, quienes constantemente piden dinero y más dinero. Simplemente, cansa.

Como pastores, es importante que sepamos cuándo sí y cuándo no debemos pedir dinero y, sobre todo..., ¿por qué y para qué pedimos dinero? Hay que ser bíblicos, transparentes, y mantener un balance en este aspecto. Entiendo los principios de siembra y cosecha, y estoy de acuerdo en que Dios lo ha diseñado de una manera maravillosa mediante la cual las ovejas tienen el gozo de participar en la obra del Reino. Así debe ser. Ofrendar es adorar. Sin embargo, el excesivo y constante pedir está creando una tensión en las ovejas, que usted, como pastor, debe entender. Debemos medirnos y ser justos.

5. No predicar tan largo.

He dicho en son de broma que a algunos pastores les gusta predicar la Palabra «eterna» de Dios. La persona típica no tiene la capacidad emocional para soportar predicaciones largas. Se hace tedioso, no sirve en la comunicación y, repito esta idea de nuevo: cansa. Además, la mayoría de las personas no tienen la disciplina para estar sentadas por esas largas horas. Encima, aun los que estudiamos mucho, no tenemos la habilidad mental ni intelectual para entender y procesar tantos conceptos a la vez. El pastor tiene que saber medir su palabra para que sea digerible por toda la congregación. Si le gusta enseñar más, mi sugerencia es que comience un estudio entre semana al que puedan asistir todos aquellos que consideran tener una intelectualidad más robusta y desean o pueden soportar más contenido. Pero en la reunión general, el alimento debe ser adecuado a la mayoría de los presentes.

Como pastores debemos entender que la mayoría de las personas de esta generación son de muy corto rango de atención. Debido a cómo la sociedad la ha ido programando para cambiar rápidamente de tema (medios sociales, televisión, teléfonos inteligentes, etc.), esta generación tiende a buscar algo nuevo en qué poner su atención aproximadamente cada cinco a siete minutos. Es imposible que un pastor se quede en un tema por más de cincuenta minutos y crea que todo el mundo va a permanecer tranquilo. No canse a sus ovejas con largas predicaciones.

6. Enseñar a disfrutar con solo «estar» en la presencia del Señor.

Que gocen de la alabanza y adoración. Que se deleiten en las prácticas espirituales de la oración, meditación, lectura de la Palabra y memorización. Estas disciplinas pueden ser las más importantes en cuanto a llevar a sus ovejas al descanso del Señor. Enseñemos a las ovejas a aquietar su alma, apagar el ruido a su alrededor y escuchar la voz suave y tierna del Pastor de pastores. No hay mejor disciplina que les podamos enseñar a las ovejas que estar quietos en la presencia de Dios: «Estad quietos, y conoced que yo soy Dios» (Salmos 46.10).

DESCANSAR ES BÍBLICO, UN MANDATO DE DIOS Y BUENO PARA TODOS. LAS OVEJAS DESCANSADAS Y SANAS PRODUCEN CONGREGACIONES DESCANSADAS Y SANAS.

1. ¿Por qué es un error hacer equivalentes espiritualidad y trabajo?

    _____

    _____

    _____

    _____

    _____

2. ¿Qué significa la palabra *recrear*? ¿Qué implicaciones tiene este concepto en nuestro trabajo?

    _____

    _____

    _____

    _____

    _____

    _____

    _____

3. ¿Cómo puede argumentar bíblicamente que no es pecado descansar?

    _____

    _____

    _____

    _____

    _____

    _____

4. Comente la siguiente afirmación del autor: «Establezcamos una cultura de balance en nuestro rebaño».

_____

_____

_____

_____

_____

_____

6. ¿Por qué es tan importante mantener una estabilidad en los programas dentro de la iglesia?

_____

_____

_____

_____

_____

7. ¿En qué forma la presión de un líder pidiendo dinero constantemente puede afectar a una congregación?

_____

_____

_____

_____

_____

8. Sobre la base de lo aprendido en este capítulo, ¿cómo evalúa usted la extensión de sus predicaciones? Si se extiende más de lo debido, ¿cómo podría evitar esto para que su mensaje no tenga un efecto contraproducente?

_____

_____

_____

_____

_____

_____

_____

9. Coincide usted con el autor en que estar quietos en la presencia de Dios es una de las disciplinas más importantes para llevar a las ovejas al descanso del Señor. Explique por qué.

_____

_____

_____

_____

_____

10. ¿De qué manera estos seis puntos para llevar a las ovejas al descanso han desempeñado un papel positivo en su congregación o en otra que usted conozca?

_____

_____

_____

_____

_____

11. ¿Cuál de esos puntos tiene una mejor aceptación en su radio de acción? ¿Por qué?

_____

_____

_____

_____

_____

_____

LOS **8**
HÁBITOS DE LOS

MEJORES

LÍDERES

GUÍA DE ESTUDIO

CAPÍTULO **6** **EL**
EFECTO DEL
AGUA

«JUNTO A AGUAS DE REPOSO ME PASTOREARÁ».

Salmos 23.2

Hace muchos años descubrí que el agua tiene un efecto muy importante dentro de mí. Me inspira y calma. Me motiva y refresca. Me gusta estar en el mar, los lagos, los ríos, y aun en la piscina. Hay algo acerca del agua que me refresca el interior. De hecho, al escribir estas pa- [illegible] el mar. Hace mucho tiempo supe que si [illegible] Desde un balcón [illegible] el agua [illegible] renovados.

Acabamos de asegurar en el capítulo anterior que las ovejas necesitan descanso, y la siguiente afirmación del poderoso salmo 23 nos detiene en las aguas de reposo. Sin lugar a duda, la armonía en las dos frases de este mismo versículo es hermoso, delicados pastos, aguas de reposo. Pasto y agua. La comida balanceada. Los dos ingredientes indispensables para tener saludables a las ovejas. Lo he dicho ya varias veces y me toca repetirlo una vez más: ¡qué privilegio es liderar! Qué honor poder llevar a las ovejas no solo a los pastos delicados y deliciosos del Señor, sino también a sus refrescantes y vigorizantes aguas.

AGUAS DE REPOSO

El agua tiene varios significados desde el punto de vista de la revelación bíblica. Es símbolo de la misma Palabra de Dios. En varias ocasiones leemos versículos que hablan de ser lavados y purificados. En una de esas citas, en el Nuevo Testamento, aprendemos que podemos ser purificados mediante el lavamiento por la Palabra de Dios (Efesios 5.26). Igualmente, Jesús dice que Él es la fuente de agua de vida eterna. En la conversación que sostiene con la mujer samaritana, hablan de la diferencia entre el agua que ella viene a tomar del pozo de Jacob y el agua que Jesús le está ofreciendo. Él, por primera vez en la historia de la humanidad, profiere las siguientes palabras: «El que beba del agua que yo le daré, no volverá a tener sed jamás» (Juan 4.14, NVI). Claramente, Jesús es la fuente de satisfacción más importante que el hombre haya conocido.

Cuando pienso en Jesús como la fuente de agua de vida eterna y lo relaciono con la encomienda de llevar a las ovejas a las «aguas de reposo», no puedo dejar de pensar que una de mis tareas como pastor es acercar a las ovejas al Señor Jesús. Él es la fuente de agua viva. Todo se trata de Él. De lo que hizo en la Cruz por nosotros. Si logramos enseñarles a las ovejas acerca de todo lo que Jesús ganó por nosotros al tomar nuestro lugar en la muerte, con el fin de que se enamoren de Él y se acerquen más a Él, entonces habremos hecho bien nuestra tarea pastoral. Todo tiene que ver con Él. Todo es por Él y para Él. Nada existe fuera de Él. Siempre debemos asegurarnos de estar llevando a las ovejas del Señor a su Señor. Toda la atención tiene que ser puesta en Él. Toda la gloria tiene que ser dada a Él. Nadie más puede recibir gloria o atención. Incluso, aunque pueda sorprender al creyente promedio, quien estudia la Biblia sabe que esa también es la prioridad central del mismísimo Espíritu Santo: exaltar a Jesucristo.

En nuestra cultura hispana, desafortunadamente tendemos a ser un poco idólatras. Les damos excesiva atención a ciertos hombres y mujeres, actuales o históricos, muchas veces confundiendo la línea fina que existe entre admiración y adulación. Hemos crecido con mucha iconografía a nuestra alrededor. Tenemos la costumbre de sacar periódicamente los íconos a las calles y pasearlos entre la gente, rindiéndoles cierto culto y homenaje. Nos acostumbramos a ver estas estatuas, retratos y símbolos de hombres y mujeres que vivieron en otros tiempos, a quienes les rendimos devoción mediante música, baile y otras muestras simbólicas. Es una parte integral y arraigada de nuestra cultura y herencia. Por eso creo que en muchos lugares del mundo hispano, la palabra del «jefe» sigue siendo una que esclaviza a multitudes, y la acatan simplemente porque es el venerado, el que está encargado.

Podemos observar cómo a lo largo de la historia, ciertos hombres fuertes se han apoderado de sus pueblos y los gobiernan con tanta fuerza que los que estamos fuera de esos regímenes nos sorprendemos de la cantidad de poder que ejercen sobre sus pueblos. Les produce resultados en muchos lugares porque los hispanos tenemos una cultura de veneración. Nadie quiere hablar en contra del «jefe», del encargado, del hombre poderoso. Me parece que esta es una mentalidad peligrosa y dañina.

Los que deberíamos mantenernos lo más lejos posible de ese pensamiento somos los seguidores de Jesucristo. No podemos participar en una cultura que promueve el culto al hombre, sea ese hombre quien sea. Debemos acompañar la prioridad del Espíritu Santo en nosotros y siempre enseñar a nuestras ovejas que el único que merece la gloria es nuestro Señor Jesús. Nadie más. Acercarlos a Jesús es acercarlos a la fuente de «las aguas de reposo». Nadie más. Solo Jesús puede dar reposo al alma porque Él es la mismísima fuente que no deja de dar agua.

Si hacemos cualquier cosa para que las ovejas dependan de nosotros, estaremos en problemas, y ellas lo estarán también. Nosotros no somos fuentes de nada. Solo Jesús es fuente de agua viva.

Hagamos siempre todo lo que está en nuestro poder para acercar a las ovejas a nuestro precioso Salvador y Mesías, Jesús de Nazaret. Solo Él merece la gloria por todo lo que ha hecho y hará por sus ovejas.

PASTOREARLAS

Cuando acerquemos a las ovejas a Jesús, gozarán de un reposo que ninguna otra persona, posesión o posición podrían darles. ¿Cuál es nuestra tarea como pastores? Acercarlas a Jesús para que reciban reposo; adicionalmente, este versículo nos indica que debemos pastorearlas. Intrigante y distinta es esta palabra. No la utilizamos mucho en el vocabulario cotidiano. Significa «llevar los ganados al campo y cuidar de ellos mientras pacen». Cuidar de ellos mientras comen. Vigilarlos para que estén tranquilos y seguros mientras pastan en los campos. Interesante, porque implica que la tarea del pastor es una de reposo también. Después que los guía al alimento, Él solo tiene que estar cerca para asegurarse de que no les pase nada o evitar que alguna amenaza se les pueda acercar para molestar. Me intriga saber que el pastor también puede descansar mientras las ovejas descansan. Es descanso para ambos.

Hay algunos líderes que les fascina estar ocupados en los detalles de cada aspecto de la vida privada y pública de sus ovejas. Se justifican con los versículos que dicen algo de tener que rendir cuentas por las ovejas y demás. Sin embargo, hay un límite para nuestra autoridad, como pastores, en la vida personal y privada de la gente. Mi tarea, como pastor, es llevarlas a los pastos, velar por que estén bien y, entonces, dejar que ellas tomen la decisión de si se comen el pasto o no. Ni siquiera tengo el deber de forzarlas a que coman. Evitemos la tentación de ser tan «vigilantes» de las ovejas que nos convirtamos en intrusos de sus vidas privadas.

PROTEGERLAS

Una de las cosas que podemos vigilar es que no beban de charcos sucios y lodosos donde se exponen a toda clase de veneno o enfermedad. Podemos asegurarnos de que las aguas en casa sean tan cristalinas y puras que no querrán nunca más beber de otras aguas. Trabajar de tal manera que el alimento sea tan delicioso en la mesa familiar que ni se les ocurra ir a algún otro lugar. Si se van a otro prado o a otro redil con otro pastor, que sea porque han madurado de tal manera que Dios los está moviendo para allá, y los enviamos con nuestra bendición y alegría. Pero que no se los lleven bajo premisas de engaño ni falsedad. Eso hace nuestra tarea aun más crucial: tener agua limpia y pura, comida tan deliciosa y bien condimentada que ni se les ocurriría ir a algún otro lugar.

Si bien la palabra *pastorear* significa «vigilar mientras comen», hay muchas cosas de las que podemos asegurarnos para el bien de nuestras ovejas:

- Vigilar por su crecimiento.
- Vigilar por su descanso.
- Vigilar por sus buenos hábitos de comer.
- Vigilar por su comunión con las demás ovejas.
- Vigilar por su contentamiento.
- Vigilar por su alegría.
- Vigilar porque siempre se acerquen a Jesús.

LA MEJOR NOTICIA QUE TENEMOS Y QUE PODEMOS DAR ES QUE LA FUENTE DE AGUA ETERNA QUIERE REFRESCARNOS, LAVARNOS Y VIGORIZARNOS CON SU REPOSO.

1. ¿Qué significados tiene el agua desde el punto de vista de la

2. Mencione dos versículos bíblicos que hablan de ser lavados y purificados. Léalos al grupo y coméntelos.

   _____

   _____

   _____

   _____

   _____

3. ¿Cuál es la fuente de satisfacción más importante que el hombre haya conocido?

   _____

   _____

   _____

   _____

   _____

4. ¿Cuál es el defecto del que adolece la cultura hispana? ¿Por qué esta mentalidad puede tener efectos negativos?

   _____

   _____

_____
_____
_____

5. ¿Por qué los seguidores de Jesucristo no podemos participar en una cultura que promueve el culto al hombre?
_____
_____
_____
_____
_____

6. ¿Qué significa la palabra *pastorear*? ¿Cómo se puede aplicar este concepto al trabajo del líder?
_____
_____
_____
_____
_____

7. ¿Cuándo podemos decir que un líder ha traspasado los límites de sus funciones?
_____
_____
_____
_____

8. Además de vigilar a las ovejas mientras comen, ¿qué otros aspectos podemos tener en cuenta según el autor?
_____
_____

_____
_____
_____

9. ¿Qué otros tres aspectos pudiera agregar usted? Explique

10. Como pastor de ovejas, ¿en qué aspectos Dios le ha permitido
    alcanzar logros significativos? ¿En qué otros necesita trabajar?

_____
_____
_____
_____
_____

11. ¿Qué buen ejemplo puede seguir de aquellos líderes que han
    acercado a sus ovejas a Jesús, la fuente de agua viva?

_____
_____
_____
_____
_____
_____

12. De acuerdo con lo aprendido en este capítulo, ¿por qué se
    considera un instrumento útil en su congregación el acercarse

a sus ovejas a la fuente de vida eterna? ¿Por qué sí, o por qué no?

_____

_____

_____

_____

_____

LOS **8**
HÁBITOS DE LOS
MEJORES
LÍDERES
GUÍA DE ESTUDIO

CAPÍTULO **7** LOS
BRAZOS
DEL PASTOR

«CONFORTARÁ MI ALMA».

Salmos 23.3

Cuando enfrentamos situaciones difíciles, solo necesitamos que alguien querido venga y ponga sus brazos alrededor de nuestros hombros, se quede en silencio y permita que el abrazo lo diga todo. En _____ descanso que ninguna otra cosa puede

del Consolador, nuestras palabras sean las de Él, y nuestras _____ y acciones sirvan de representantes del Santo Espíritu de Dios. Qué distinción tan alta nos confiere el Señor al permitirnos ser sus manos, sus palabras y sus brazos para el necesitado.

TODOS LOS DONES SON NECESARIOS

Creo que existe un desequilibrio cuando solo buscamos el poder y las manifestaciones del Espíritu Santo, olvidando o menospreciando los demás aspectos y las verdaderas prioridades del Espíritu Santo de Dios. Él es Maestro que nos recuerda, Guía que nos dirige, Compañero y Presencia que nos acompaña, Consolador que nos abraza, entre muchas otras cosas. Sin embargo, en nombre de buscar del Espíritu Santo veo a muchos líderes tan entusiasmados con la idea de ser «poderosos», buscando los dones «espectaculares» de sanidades y milagros, innegables y necesarios, que se olvidan de la vitalidad de comprender que cuando se da un abrazo consolador en nombre del Señor, esa simple acción es tan poderosa como el milagro de un paralítico levantándose de su silla de ruedas y corriendo.

El abrazo consolador puede ser tan milagroso en el corazón del triste, como cualquier otro milagro. Hace falta que entendamos que un don no es más especial que otro por su efecto visible. Son todos necesarios y deseables. ¿Cuál es el mejor don? Aquel que suple la necesidad del momento. El dar un abrazo consolador en el nombre del Señor puede ser tan importante como cualquier otro ministerio o don del Espíritu Santo, cuando es momento de utilizar ese don específico y no solo para el necesitado, sino desde la mismísima perspectiva de Dios.

AL CONSOLAR RESTAURAMOS Y SANAMOS

Yo temo que por andar buscando muertos para resucitar hemos pasado por alto muchas oportunidades de abrazar a gente necesitada, que aún vive. Hay miles de necesitados a nuestro alrededor y es hora de ejercer parte de nuestro llamado y cumplir con esta extraordinaria tarea de mostrar consuelo y confortar el alma de aquellos que sufren.

Por si no queda claro, creo absolutamente en el poder restaurador y sanador de la consolación. No tan solo porque lo veo como ministerio legítimo en la Biblia y por el hecho de que Jesús dedicó gran parte de su ministerio consolando al necesitado, sino por lo que mis ojos han visto como resultado de implementar programas específicos, diseñados con el único fin de consolar y ayudar al necesitado. Domingo tras domingo, cuando abrazaba a las personas después de las reuniones semanales, me alegraba mucho el ponerlos en contacto con los diversos ministerios permanentes de consuelo que teníamos implementados en la congregación.

IMPORTANCIA DE LA PLANEACIÓN EN EL MINISTERIO DE LA CONSOLACIÓN

El ministerio de la consolación no es algo que sucede por coincidencia. Tenemos que planearlo. Tenemos que ser intencionales y preparar a otros líderes para discernir la eficacia de consolar. También debemos levantar ministros que servirán en este hermoso ministerio de manera más específica. En este caso, no puede ser cualquier persona. Tienen que ser personas que no solo tengan una carga especial por los necesitados, sino que se capaciten en consejería y sean líderes que también posean el don de abrazar y llorar con los que lloran y reír con los que ríen. Debemos enseñarles la conducta ética de un ministro de consolación ya que escucharán muchas cosas y presenciarán otras que tendrán que saber sobrellevar. No es un ministerio para neófitos y recién ingresados al Reino. Es una obra que requiere de madurez, disciplina, entrega e, incluso, profesionalismo. Por eso, como pastores, tenemos que preparar a nuestros ministros para llevar correctamente el ministerio de la consolación. Debe ser algo planeado, enfocado y al que le dedique usted, como pastor, tiempo, esfuerzo y dinero. En la medida en que hagamos bien la tarea de consolar al necesitado, estaremos alcanzando más efectivamente a nuestras ciudades. La voz correrá cuando el testimonio persistente sea que en nuestras congregaciones se encuentra consuelo.

LAS MANOS, LOS BRAZOS Y LOS BESOS DEL ESPÍRITU SANTO

Un día el Señor me despertó a la necesidad de entender que cuando lloramos con el que llora en su momento de necesidad, esa persona jamás olvidará a quien lloró con ella. Es un hecho, uno nunca olvida a quien nos acompañó en nuestro momento de crisis y necesidad. El [illegible] asistan con frecuencia. [illegible] iglesia regularmente, a ver dónde pueden buscar sus abrazos. No hay para usted aquí». Que no nos importe si la gente asiste, asistió o asistirá a nuestra congregación. Que nos importe ser las manos, los brazos y besos del Espíritu Santo.

Algunos programas permanentes para consolar implementados en nuestra congregación.

Ministerio de Hospitales. En Houston, Texas, donde actualmente vivimos mi esposa y yo, existe el centro médico más grande del mundo entero. Cada día había un grupo de personas de la congregación que visitaban los hospitales para orar por los enfermos y consolar a los necesitados.

Ministerio de Cárceles. Existen pocos lugares en el mundo mejores que una cárcel para mostrar el cariño y abrazo del Espíritu Santo. Algunas de las personas que se encuentran ahí no merecen estarlo, y sus vidas han sido devastadas y destruidas por algún error de la justicia. Quizá no podemos hacer algo para sacarlas de la cárcel, físicamente hablando, pero podemos ayudarlas a que su alma vuele libre y no sea prisión de la angustia y soledad que tantos experimentan en en ese lugar. Otros, que sí están cumpliendo con una condena debido a algún delito que cometieron, también encuentran perdón y esperanzan en Cristo Jesús. En cualquiera de los casos, los presos nunca se olvidarán de quienes fueron a visitarlos y a darles un abrazo mientras estuvieron adentro.

Ministerio de Crisis. La más perfecta de las oportunidades para ejercer el ministerio de la consolación es cuando las personas enfrentan una crisis. Esta es quizá la más complicada de manejar porque hay crisis de todo tipo, y hay que tener ministros muy capaces para enfrentarlas con las personas. Recuerde que en una crisis, la gente muchas veces pierde coherencia y raciocinio. En ocasiones, como ministros tendremos que pensar por ellos y aun actuar por ellos. Por eso es importante establecer un programa de entrenamiento para estos ministros. Existen materiales ya desarrollados y disponibles para entrenar correctamente a sus ministros con el fin de hacer bien este papel. Uno de los mejores que he visto se llama Ministerios Stephen. Sus materiales son accesibles y cubren muy bien el tema. Es un entrenamiento intensivo que dura varios meses, pero podría convertirse en uno de los mejores brazos ministeriales de cada congregación.

Ministerio de Consejería. En ocasiones tenemos que ayudar a las personas de manera más profunda y continua. Su situación no es algo solucionable a corto plazo. Para ello podemos ofrecer consejería. Este ministerio requiere personas altamente capacitadas. Quizás más que cualquiera de los otros que he mencionado debido a la naturaleza delicada en la que hay que llevar la consejería. De hecho, en algunos países existen leyes que rigen cómo una iglesia puede o no participar en la consejería de las personas. Es importante que como pastores conozcamos estas leyes y nos aseguremos de que nuestros equipos ministeriales las estén acatando al pie de la letra, para evitar cualquier sanción, escándalo o tropiezo legal desafortunado. Debemos colocar a personas de mucha experiencia, sabiduría y madurez ministerial, además de haber recibido el necesario entrenamiento en el área de la consejería.

CONSEJOS PRÁCTICOS PARA CONSOLAR

1. No hable tanto.

Deje que el Espíritu Santo hable. En este hermoso ministerio es importante que nuestro abrazo hable y no nuestra boca. Permita que su presencia hable fuerte, al igual que su sonrisa. Permita que sientan en usted al Consolador, al Espíritu Santo que mora dentro de usted.

2. Ayude en la toma de decisiones prácticas.

En ocasiones nos tocará hacer el papel de «mente fría». Cuando están pasando por la angustia, las personas pueden tomar decisiones equivocadas que no ayudan y, en algunos casos, hasta provocan problemas adicionales. Debido al hecho de que nos tienen confianza como su pastor, ayudémosles a tomar buenas decisiones. No a imponernos en sus decisiones, sino para ser de ayuda y apoyo durante el tiempo de emergencia.

Tenemos que estar dispuestos a darles dirección a las personas cuando no pueden pensar adecuadamente debido a la crisis que están pasando.

...nalmente hablando. Se han dado casos en los que una palabra de consuelo se interpreta por algo inapropiado, debido a la sensibilidad de la persona en crisis. Asegúrese de ser muy correcto y propio a la hora de dar el consuelo. No sea demasiado familiar. En especial, vigile su comportamiento cuando se trata de miembros del sexo opuesto. Lo ideal es ir acompañado siempre de otra persona cuando ejercita el ministerio de consolación. Jesús mismo envió a sus discípulos de dos en dos. Hay sabiduría en esa práctica. Haga lo mismo.

PERMITAMOS QUE DIOS NOS UTILICE, COMO PASTORES, EN LA TAREA DE CONSOLAR Y RESTAURAR A LAS PERSONAS QUE EN SU GRACIA Y MISERICORDIA HA PUESTO BAJO NUESTRO CUIDADO.

1. ¿Qué tres consejos ofrece el autor para una efectiva consolación? Explique cada uno.

   _____

   _____

   _____

   _____

2. Considerando estos tres consejos ¿en qué podría mejorar su labor?

   _____

   _____

   _____

   _____

3. ¿Qué permitimos que suceda cuando ejercemos el consuelo?

   _____

   _____

   _____

   _____

4. ¿Qué tan efectivo pudiera ser un pastor que solo busca el poder y las manifestaciones del Espíritu Santo y olvida los demás aspectos y las verdaderas prioridades del Espíritu Santo?

   _____

   _____

   _____

_____
_____
_____

5. Describa alguna experiencia que le haya demostrado el poder

_____
_____
_____

6. ¿Podría afirmar que es lo suficientemente intencional y prepara a otros líderes en el ministerio de la consolación? ¿Tiene que hacer algunos ajustes en este sentido? ¿Cuáles serían?

_____
_____
_____
_____
_____

7. ¿Cuál sería la ventaja de planear correctamente el ministerio de la consolación?

_____
_____
_____
_____
_____

8. ¿Reserva el abrazo solo para quienes asisten a la iglesia o para cualquiera que lo necesite? Explique su respuesta.

_____

_____

_____

_____

9. ¿Qué prioridad le ha dado a la creación de programas permanentes para consolar? Ponga dos ejemplos de programas que ha creado o piensa crear.

_____

_____

_____

_____

10. ¿Qué significa abrazar con liberalidad pero con propiedad? ¿Cuál es su importancia?

_____

_____

_____

_____

11. ¿Considera que en su liderazgo ha sido capaz de consolar y restaurar a las personas que Dios ha puesto bajo su cuidado? Explique.

_____

_____

_____

_____

12. ¿Qué otro consejo podría agregar para hacer más efectiva la consolación?

_____

_____

_____

LOS **8**
HÁBITOS DE LOS
MEJORES
LÍDERES
GUÍA DE ESTUDIO

CAPÍTULO **8**

¿HACIA DONDE VAMOS?

«ME GUIARÁ POR SENDAS DE JUSTICIA POR AMOR DE SU NOMBRE».

Salmos 23.3

La tarea de todo buen pastor es saber guiar a las ovejas. Darles dirección. Ser buenos y genuinos líderes.

John C. Maxwell dice que «todo comienza y termina con liderazgo». Si hay buen liderazgo, se conseguirán buenos resultados. Si hay mal liderazgo, se obtendrán malos resultados. En el caso de pastorear,

causas. Debido
se trata de darles dirección espiritual a las personas.

> A DIFERENCIA DE MUCHAS OTRAS CAUSAS,
> LA GUÍA ESPIRITUAL ES ESPECIALMENTE CRUCIAL
> EN LAS VIDAS, DEBIDO AL ELEMENTO DE VIDA O
> MUERTE ETERNA. CUANDO NOS REFERIMOS A LA
> GUÍA ESPIRITUAL DE ALMAS, ESTAMOS HABLANDO
> DE UN TEMA ETERNO. POR ENDE, SE VUELVE
> EXTREMADAMENTE CRUCIAL QUE EL PASTOR TENGA
> UN BUEN CONOCIMIENTO DE CÓMO SER UN LÍDER
> PARA PODER GUIAR BIEN A LAS OVEJAS.

«ME GUIARÁ POR SENDAS DE JUSTICIA»

Aunque pueda parecer muy obvio a primera vista, lo primero que debemos observar al leer este pasaje es que el pastor los guía, y los guía por sendas de justicia. Una de nuestras más importantes tareas como líderes espirituales es mostrarles a las ovejas los principios del bien y del mal. Nos corresponde ayudarles a formar un criterio de justicia. Igual que como nuestros padres nos enseñaron de chicos el bien y el mal. Sabíamos que si hacíamos bien las cosas, habría recompensas. Igualmente, si hacíamos mal las cosas, habría consecuencias negativas. La tarea del pastor es enseñar estos mismos principios, pero aplicados a la vida y al comportamiento espiritual. Debe mostrarnos los criterios divinos acerca de nuestro proceder en cuanto al prójimo se refiere. Explicarnos cuáles son los parámetros espirituales que se aplican a la vida. Por ejemplo, ¿cuál es nuestro proceder en cuanto a los negocios, las amistades, la familia, el matrimonio, los hijos? La Biblia cubre todos estos temas y, como pastores, tenemos que saber extraerlos y enseñarlos de la manera más práctica y digerible posible, con el fin de que las ovejas tengan un criterio espiritual en cuanto a sus vidas naturales. Dicho de otra manera: enseñarles que Dios funciona en la vida diaria.

Como guías espirituales tenemos el privilegio de construir muros de protección en las mentes y los corazones de nuestros seguidores, que los protegerán de los constantes ataques del enemigo. En sí, nuestra tarea no es controlar cómo andan ni por dónde andan, sino justamente enseñarles los parámetros para saber andar sin correr peligros ni arriesgar su vida espiritual, y logrando que lo hagan aun cuando nosotros no estemos para decirles qué hacer. Es decir, no es nuestra tarea pastoral estar inmiscuidos en cada detalle de las vidas de nuestros seguidores, sino asegurarnos de que la Palabra de Dios esté inmiscuida en cada detalle de sus vidas.

Existen muchos pastores «metiches» o chismosos. Desean saber cada detalle de la vida de sus ovejas. Conozco algunos que hasta emplean un sistema de «espías» que se la pasan reportándoles todo a sus pastores. Esto es deplorable y antibíblico. El pasaje dice: «Me guiará». No dice: «Me forzará, me exigirá, me presionará». No nos corresponde estar entrometidos en las vidas de ellos, sino guiarlos, a través de la enseñanza, a vivir dentro de los principios que la Palabra establece. Si les enseñamos bien, vivirán bien. Una vez que les enseñemos, permitamos que caminen sus vidas. Estemos listos para ayudarles en sus momentos de duda o necesidad de recordar algún principio, pero de ahí en adelante, déjelos en paz. Si alguna de las ovejas decide que será rebelde y se irá por su propio camino, a pesar de conocer muy bien los principios que le hemos enseñado, sepamos tener la sabiduría suficiente para traerla de nuevo al redil. Con paciencia, cariño y amor.

No es nuestra tarea como pastores cambiar las vidas de las personas. De hecho, es imposible que lo podamos hacer. Esa es tarea del Espíritu Santo. Solo Él puede cambiar los corazones. Por mucho que usted y yo queramos cambiarlas, nunca lo podremos hacer. Él acerca, Él enseña, Él redarguye y Él cambia los corazones. Nosotros solo los acercamos a Él.

Usted y yo, como pastores, tenemos la tarea de exponer a las ovejas a la Palabra de Dios. Deje que Él haga lo demás. Guíelos a las Sendas de Justicia. Muéstreles por donde caminar. Enséñeles y luego déjelos caminar.

«POR AMOR DE SU NOMBRE»

A las ovejas les enseñamos a vivir bien, dentro de los parámetros [bíblicos, no porque queremos] que nos representen bien a nosotros

[texto ilegible]

tiene la motivación equivocada. [Inclusive cuando ...] en Dios como un capataz violento que solo quiere resultados. Cuando la motivación del pastor es cualquier otra que no sea el beneficio directo de que la oveja ame más al Señor y lo conozca con mayor intimidad, es una motivación incorrecta.

En muchos círculos eclesiásticos, hemos elevado la posición del pastor a un lugar que no corresponde ni es correcto. Lamentablemente, la iglesia ha bebido del peligroso elixir de la cultura de la adulación. Algunos colocan a sus pastores sobre un pedestal de elogio tan elevado que rebasa los confines del respeto y la admiración. Existen muchos pastores dignos de admirar y todos merecen nuestro respeto. Pero cuando se cruza la línea y se comienza a ver a ese pastor como infalible y perfecto, inequívoco e insuperable, lo estamos introduciendo a un terreno delicado y difícil de conducir.

En la historia de la iglesia reciente hay muchos ejemplos de cómo termina esta historia. Hemos visto cómo más de un pastor ha terminado en el piso, descalabrado y destruido, debido a la imposibilidad de mantener el equilibrio sobre ese pedestal tan alto que lo introduce a los aires viciados del oxígeno de la adulación. Simplemente, no puede. Se marea y cae. La responsabilidad no la tienen solamente las ovejas que tanto lo admiran, sino él mismo por permitir que esa admiración se tornara en zalamería y adulación. Como pastores, tenemos que ser vigilantes y cuidadosos para no permitir que nos suceda. Una de las maneras de hacerlo es señalando a las ovejas que caminamos en sendas de justicia, «por amor de su nombre».

Los líderes maduros entienden que todo se lo debemos a Él. Todo es gracias a Él. Por lo cual, toda la gloria también es solamente para Él.

LIDERAZGO Y VISIÓN

Los mejores líderes establecen una visión que quienes los siguen encuentran fácil de entender. Son líderes de visión y líderes que saben comunicar con simpleza esa visión.

En cuanto a guiar a las ovejas hay una lista de aspectos que los líderes debemos llevar a la práctica:

1. Visionar el destino.

Los mejores líderes pueden ver el lugar que nos espera y hacia dónde nos dirigimos. Los han visto con los ojos de su espíritu. Los pueden describir en detalle. Sus descripciones del destino son las que pintan esperanza en el corazón de la gente. Les hacen ver que donde están ahora no se compara con a dónde pueden ir. Les ayudan a entender que si permanecen donde están, se van a morir. Los pastos se les van a acabar y sus pozos se les van a secar. Por eso, el líder tiene la habilidad de ver un nuevo destino, un nuevo futuro, más brillante y prometedor hacia donde llevará a sus seguidores. En la descripción y articulación de esta visión está la inspiración y motivación para mover a las personas de un destino a otro.

En 1963, Martin Luther King Jr. se paró en las escalinatas del Monumento a Lincoln, en la ciudad de Washington D.C., y pronunció uno de los discursos más famosos del mundo entero. King logró ese día plasmar su sueño y su visión en el corazón de sus seguidores. A través del arte de la comunicación ayudó a sus seguidores a ver un mejor lugar donde podrían vivir. Les describió este lugar. Lo personalizó de tal manera que todo el mundo se pudo identificar. Los motivó a seguir pagando el precio y a mantenerse firmes ante la adversidad, hasta llegar a la «tierra prometida» que les dibujaba con sus palabras. Su mensaje de aquel día es uno de los más perfectos ejemplos de lo que le estoy enseñando. Dibújeles un futuro a sus ovejas. Inspírelas a mantenerse firmes hasta que entren a su tierra prometida. Sea un pintor de esperanza en el corazón de los hombres.

2. Definir la ruta.

El líder siempre va al frente. Nunca atrás. Siempre adelante. Definiendo por dónde andar. Ayudando a superar los obstáculos. Abriendo el paso. Decidiendo por cuál camino irse. Para llegar a un destino hay muchas rutas que se pueden tomar. Algunas más difíciles quizá, otras más fáciles, pero el líder tiene la asombrosa y divertida tarea de definir la ruta. Es quien determina cuáles serán las estrategias que se emplearán para alcanzar la meta. Es quien decide cuáles serán las herramientas que implementarán. Es una tarea de mucha responsabilidad, pero puede también ser muy divertido. Lo que más necesita el pastor es seguridad personal para aceptar la responsabilidad cuando algunas de las rutas que decidió tomar resultaron desvíos mal acertados.

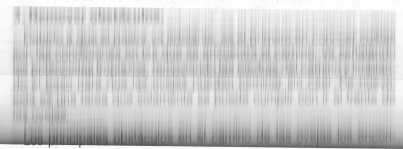

trarán en el manejo de sus relaciones. Estoy seguro de que es por ello que la Biblia dedica tanto espacio a enseñar sobre cómo llevar las amistades, cómo comportarse con los familiares y las amistades. Como pastor, es un privilegio enseñar a nuestras ovejas el comportamiento bíblico en cuanto a las relaciones.

Otro de los obstáculos que fácilmente descarrila a las ovejas es lo relacionado con las finanzas. De hecho, las estadísticas señalan que es la razón principal de la mayoría de los divorcios hoy en día. Tenemos el deber de ayudar a las ovejas a conocer el manejo correcto de las finanzas.

Adicionalmente, de vez en cuando surge alguna mentalidad peligrosa, propagada por alguno de los medios masivos, y que muchas de las ovejas comienzan a abrazar o a creer en ella. Como pastores, tenemos que contar con una respuesta bíblica a esas inquietudes. Cualquier pensamiento que se levante en contra del conocimiento de Cristo es un obstáculo que debemos remover del camino de las ovejas para que no tropiecen.

4. Administrar el progreso.

Como líderes debemos ser los más sensibles ante las necesidades de las ovejas. Cuándo estamos avanzando demasiado rápido, por ejemplo, o cuándo debemos aminorar el paso. El pastor tiene que determinar cuándo es tiempo de parar un rato a descansar y cuándo es tiempo de animar a las ovejas hacia delante. El mismo paso no funciona para cada redil. Tenemos que ser sensibles a nuestras ovejas y a las circunstancias que están viviendo, y no compararnos con algún otro redil que sentimos que tiene un progreso más avanzado que el nuestro. En ocasiones, existen situaciones locales que determinan muchas de las decisiones que tomaremos como líderes de nuestro rebaño. No se permita presionar por lo que estén haciendo otros pastores o por lo que le parezca vistoso o glorioso. Al final de cuentas, nuestra responsabilidad principal es cuidar las ovejas que nos ha encargado el Señor, sin olvidar que son *Sus* ovejas y que es *Su* prado.

He visto, con tristeza, cómo algunos pastores manejan una absoluta falta de sensibilidad hacia sus ovejas, solo con el fin de impresionar a su denominación o a sus colegas ministeriales. Las empujan o manipulan hacia las obras y las dádivas hasta que las ovejas caen exhaustas y sin salud natural ni espiritual. Es cuando se rebelan en defensa propia, ya que el pastor no las está defendiendo. Eso puede ser el semillero de toda clase de problema, si el pastor no corrige inmediatamente su proceder. Comprendo que en cada iglesia hay momentos en los que todos tenemos que hacer un esfuerzo un poco más grande que otras veces, pero al mismo tiempo debemos comprender que hay ocasiones en las cuales debemos dejar que descansen para que se repongan y podamos sanar y dar primeros auxilios a los débiles o principiantes del redil. La tarea del pastor es administrar el progreso.

5. Animar y fortalecer el andar.

En conclusión, los mejores líderes establecen un mapa misional claro y entusiasman a las ovejas a proseguir hacia las metas. El pastor se convierte en el animador principal de su redil. «Vamos chicos, sí se puede. No se cansen. Adelante. Fuerzas». Reconocer ese papel, poco comentado, es de suma importancia. En ocasiones, el ánimo lo reciben las ovejas con una sola mirada, ni siquiera una palabra. Una mano en la espalda. Un gesto de benevolencia. Su sola presencia como pastor puede animar y fortalecer.

ES EXTREMADAMENTE IMPORTANTE QUE EL PASTOR TENGA UN BUEN CONOCIMIENTO DE CÓMO SER UN LÍDER PARA PODER GUIAR BIEN A LAS OVEJAS. ¡SEA UN GRAN LÍDER! GUÍE POR SENDAS DE JUSTICIA A SUS OVEJAS, POR AMOR DE SU NOMBRE. VISIONE EL DESTINO, DEFINA LA RUTA, REMUEVA OBSTÁCULOS, ADMINISTRE EL PROGRESO, ANIME Y FORTALEZCA EL ANDAR.

1. ¿Cuál de estos aspectos necesita fortalecer para guiar a sus

_____

_____

_____

2. ¿Qué significa visionar el destino?

_____

_____

_____

_____

3. ¿Qué significa definir la ruta?

_____

_____

_____

_____

_____

4. ¿Qué significa remover obstáculos?

_____

_____

_____
_____

5. ¿Qué significa administrar el progreso?

_____
_____
_____
_____
_____

6. ¿Qué significa animar y fortalecer el andar?

_____
_____
_____
_____
_____

7. Tomando en consideración lo que plantea el autor sobre la tarea de todo buen pastor, ¿cómo la definiría?

_____
_____
_____
_____
_____
_____

8. Comente la frase de John C. Maxwell: «Todo comienza y termina con liderazgo».

_____
_____
_____
_____

9. ¿Por qué no nos corresponde como pastores cambiar las vidas de las personas? ¿A quién corresponde esa tarea?

____

____

____

____

10. [illegible] de la verdadera motivación? ¿Cómo lo ha podido superar?

____

____

____

____

____

11. ¿Por qué el discurso de Martin Luther King en el año 1963 es un ejemplo fidedigno de lo que el autor llama «visionar el destino»?

____

____

____

____

____

12. ¿Cuáles son sus áreas de responsabilidad al definir la ruta como líder?

____

____

____

____

13. ¿Cuáles son los principales obstáculos en el camino de las ovejas? ¿Cuál es la función del pastor en relación con estos obstáculos?

_____

_____

_____

_____

_____

14. Según lo aprendido en este capítulo, ¿se considera un instrumento útil que guía por sendas de justicia a sus ovejas por amor de *Su* nombre?

_____

_____

_____

_____

_____

EN
CAPÍTULO **9**
MEDIODE LOS
VIENTOS

«AUNQUE ANDE EN VALLE DE SOMBRA DE MUERTE, NO TEMERÉ MAL ALGUNO, PORQUE TÚ ESTARÁS CONMIGO».

Salmos 23.4

El escritor nacido en África, Phillip Keller, describe detalladamente en su excelente y reconocido libro: *A Shepherd looks at Psalm 23* [Un pastor mira el salmo 23], el porqué un pastor lleva por los valles y las cuencas a las ovejas para alcanzar las colinas más altas. Allí se encuentra el pasto de mayor calidad, los caminos más suaves por donde subir.

palabras, cuando se anda por valles, se está expuesto a la sombra de la muerte, es peligroso. El salmista David, siendo pastor, conocía de primera mano de estos peligros cuando escribió: «Aunque ande en valle de sombra de muerte, no temeré mal alguno, porque tú estarás conmigo».

El buen pastor debe ser tan sensible a las necesidades de sus ovejas que siempre estará alerta para protegerlas y cuidarlas de todo daño. Cuando estén saludables y tranquilas, las podemos dejar en paz. Pero en sus momentos de dificultad es cuando más debemos pedirle sabiduría a Dios para ayudarlas a navegar por los valles de la «sombra de muerte». El solo hecho de estar con ellas durante esos tiempos difíciles les ayuda a saber que las cosas van a estar bien.

En el año 2008 nos visitó un tremendo huracán en la ciudad de Houston, donde radico actualmente. Le pusieron por nombre Ike, y ha sido, hasta el momento de esta escritura, el tercer huracán más costoso en la historia de Estados Unidos, después de Katrina, en 2005, y Sandy, en 2012. Mi familia y yo nunca habíamos vivido la experiencia de un huracán, y nuestro hogar queda a escasos 120 kilómetros de la costa del Golfo de México, por donde entraría esta bestia de tormenta. Nos informamos muy bien de lo que teníamos que hacer, así que nos abastecimos de agua limpia, comida enlatada y de lo necesario para vivir esta experiencia.

El día que se aproximaba, desde muy temprano comenzó mucha nubosidad, llovizna y vientos. Conforme avanzaba el día, los vientos se hacían cada vez más fuertes. Habíamos preparado la casa para este evento. Estaba enterado de que el huracán entraría a nuestra ciudad a las tres de la mañana aproximadamente. Mis hijos se aburrieron de esperar la acción y se fueron a dormir como a las diez de la noche.

Se fueron a la cama sabiendo que era posible que los despertara en cualquier momento de la noche si la situación se tornaba peligrosa.

Toda la noche quedé despierto. Cuando Ike pasó por nuestra casa, el ruido era ensordecedor. Nunca me imaginé que pudiera haber sonidos tan violentos producidos por el viento. A la distancia lograba escuchar los estallidos de ventanas rompiéndose y ramas sueltas de árboles estallando contra paredes, pavimento o automóviles. Hora tras hora. Incesante. De vez en cuando me levantaba de la cama cautelosamente para revisar los daños a nuestra casa. Quería saber si algún vidrio se había roto o cualquier otra cosa. Gracias a Dios, los vientos comenzaron a disminuir una vez que el huracán hubo pasado por encima de la casa a las tres de la madrugada. Para las cinco o seis de la mañana, eran muy pocos los vientos y quedaba solo una llovizna. Fue más o menos a esa hora que me ganó el sueño y quedé profundamente dormido por un par de horas.

Cuando desperté, lo primero que quise hacer fue salir a la calle para reconocer los daños. Lo que encontré fue realmente sorprendente. Había enormes árboles caídos encima de las casas y bloqueando las calles. Vidrios rotos de las casas de varios vecinos. Autos golpeados por artículos sueltos que habían sido lanzados por los fuertes vientos que alcanzaron velocidades de 120 a 140 kilómetros por hora. Me bastó una vuelta muy breve para darme cuenta de que aquel huracán había causado daños excesivos. Nunca pudimos imaginarnos cuántos en verdad.

Cuando volví a casa, eran más o menos las nueve de la mañana de ese día, y por el huracán no iba a haber ni trabajo ni escuela. Recién a esa hora comenzaron a despertar mis hijos. La pregunta que me hicieron casi me tumbó de la sorpresa: «Papá, ¿pasó algo? ¿Entró el huracán por aquí o se desvió?». Los miraba con absoluta incredulidad. Les pregunté que si habían escuchado algo y dijeron que no. Cuando los llevé a la calle para ver todo lo que había sucedido, se sorprendieron en gran manera. En verdad, habían dormido tan tranquilos que nunca se dieron cuenta de que la tormenta pasó por encima de su casa. Cuando les pregunté por qué no se habían dado cuenta, la respuesta que me dieron me impactó profundamente: «Porque tú estabas en casa. Sabíamos que estando tú, todo iba a estar bien. No teníamos por qué preocuparnos. Descansamos en que tú nos cuidarías».

Para mí, no ha habido en mi vida cuadro más perfecto que el que acabo de describir para entender «aunque ande en valle de sombra de muerte, *no temeré* mal alguno, porque tú estarás conmigo» (énfasis añadido). Solo el hecho de saber que está presente papá hace que todo esté bien. Mis hijos se fueron a dormir tranquilos, porque sabían que papá estaba en casa. No tuvieron temor ni preocupación, porque papá estaba en casa. No necesitaban de nada más, porque papá es-

Mi sola presencia les dio la tranquilidad que necesitaban

De la misma manera sus ove-

SIEMPRE ESTABA ALERTA PARA PROTEGERLAS Y CUIDARLAS DE TODO DAÑO

EL PASTOR PROTEGE, NO DESCUBRE

Pero no es tan solo nuestra presencia, sino nuestras acciones de protección las que cuidarán del rebaño. Recordando el consejo que nos daba Keller, de tapar y proteger a las ovejas lo más pronto posible cuando comiencen las lluvias heladas a penetrar sus gruesas y absorbentes capas de lana. Si no las protegemos con rapidez, podría ser el fin de ellas.

Cuando hablamos de «tapar» o «proteger» como una de nuestras tareas como buenos pastores, lo primero que me viene a la mente es el código de ética que debe abrazar cada pastor y líder en el trato de las cuestiones sensibles en la vida de las ovejas. Somos portadores de información, secretos y confesiones que debemos cuidar impecablemente, de tal manera que se sientan protegidas las personas que se encuentran bajo nuestro cuidado. Cuando vienen a contarnos sus asuntos privados y confidenciales, deberían hacerlo con la absoluta certeza de que esa información quedará privada y confidencial. Cuántas veces hemos sabido de pastores que han desprotegido a las personas por su falta de confidencialidad. Cuando menos se lo imaginan, su historia o problema ha sido usado como ejemplo en alguno de los sermones del pastor. Aunque el pastor no mencione su nombre y nadie en la congregación sepa de quién se trató la historia, el de la historia misma sí se da cuenta, sí supo de quien estaba hablando y se siente absolutamente expuesto ante el hecho de que su pastor haya tomado algún dato hablado en total confianza y lo haya incluido en un mensaje totalmente público. Qué incomodidad a la que exponemos a esa persona. Es una seria falta de ética por parte del pastor.

En cierta ocasión quería usar el testimonio de uno de los hermanos de la congregación. Era una historia delicada que involucraba un dinero robado y tensión en la familia a causa de ello. Algunos miembros de la familia sospechaban que había sido él; sin embargo, no estaban seguros y, por lo tanto, existía una gran tensión en toda la familia, entre hermanos, cuñadas, tíos, tías, sobre el tema del dinero robado. Un desastre. Después de uno de los encuentros espirituales que organizamos en la congregación, al que asistió este hermano, decidió ir a confesar, pedirle perdón a toda familia y restituirles el dinero robado. Dios se glorificó grandemente en esa familia trayendo restauración y victoria. Fue un gran testimonio de victoria. En fin, tenía deseos de contar su testimonio en mi mensaje dominical, pero por reglas de ética, era imposible hacerlo sin su consentimiento.

Dirá usted: «Pero pastor Marcos, si es un testimonio de victoria que solo traerá gloria al Señor, ¿por qué no?». Claro que sí, pero de todas maneras hay que tener la educación, el respeto y la caballerosidad de pedirle permiso al hermano para contar su historia. No debemos asumir que porque nos la han contado tenemos derecho de copia de ella. La buena ética y la moralidad dicen que debemos conseguir su aprobación antes de divulgar el relato, lo cual hice. Le llamé por teléfono y le expliqué de lo que quería predicar y que me parecía perfecta su historia para ilustrar mi punto. Antes de colgar la llamada con él, prometí no decirle a la congregación su nombre, y repasamos una vez más los detalles de su historia para que la contara bien, sin poner ni quitar nada. Llegado el domingo, no resistía mirar hacia donde estaba sentado este hermoso hermano con toda su familia mientras contaba su historia como un gran ejemplo en mi mensaje dominical. La sonrisa en su rostro era grande pero había una que le ganaba en tamaño, la de su bella y orgullosa esposa, sentada al lado de su marido en ese momento de gran triunfo personal, familiar y congregacional. La sonrisa mía era igual de grande al saber que Dios me había dado el honor de ver esa gran victoria de primera mano.

Si yo hubiera contado aquella historia antes de conseguir la aprobación de la oveja, hubiera sido lindo y tocaría vidas. Sin embargo, hubiera corrido el riesgo de apenar a una persona a la que quería aplaudir por lo que había sucedido. Sin su permiso, el haberlo relatado se hubiera sentido más un golpe que un aplauso, más una traición que un halago. Pero con el permiso de ellos, lo pudieron disfrutar como uno de los domingos más memorables en su historia. El pastor protege, no descubre. Cuida, no destapa.

En 1 Pedro 4.8 leemos que uno de los frutos del amor es que cubre una multitud de errores. Una de las traducciones, de hecho, usa la [illegible] pecados». Piense detenidamente en la acción de cubrir. De- [illegible] cuando los pecados y errores de [illegible] tomar en serio [illegible] misma manera, [illegible] te, bajo ninguna circunstancia. Si en [illegible] cosas son hechas nuevas», entonces ¿por qué hay tantos p[illegible] recordándoles a sus ovejas los errores que cometieron en el pasado, utilizando esa información para manipular o subyugar a esas personas? Cuentas daremos por esa falta de protección y cuidado para las ovejas.

En Ezequiel 34 existe un versículo que me cimbra cada vez que lo leo. Dice textualmente: «Yo estoy en contra de mis pastores» (Ezequiel 34.10, NVI). ¡Qué palabras tan fuertes! Que Dios mismo se oponga a los pastores que Él instituyó (dice «mis pastores»). Uno tiene que preguntarse por qué Dios está opuesto a sus propios pastores. La respuesta la encontramos en los versículos del 2 al 6. Son varias las cosas que Dios registra como detalles que le molestan. Sin embargo, el común denominador en toda la lista es: «No cuidaron de mis ovejas». No las protegieron. Se nutrieron de ellas, dice, pero no tuvieron cuidado de ellas. Dios lo toma en serio. Tanto así que dice: «Estoy en contra de mis pastores».

Le pido a Dios que me cuide de estar en esa lista de pastores descuidados. Que me dé la gracia de saber proteger y cuidar de las vidas de aquellas personas que Él ha puesto bajo mi delicado cuidado, y que pueda rendirle cuentas como un buen mayordomo. Deseo con todo mi corazón ser la clase de pastor que cuando las ovejas tienen algún problema, pecado, indiscreción o malestar, con humildad y discreción pueda restaurarlas con todo amor y consideración, como si fuera yo mismo quien necesite de Su misericordia (Gálatas 6.1).

CONSEGUIRLES AYUDA

Parte del cuidado o la protección que ofrecemos como pastores es conseguirles la ayuda que necesitan para sus desafíos. Ponerlos en contacto con profesionales que les puedan ayudar a superar sus pecados. Llevarlos a un encuentro espiritual o enviarlos a consejería para salvar su matrimonio o familia; son parte de las estrategias que utilizamos para proteger y cuidar de las ovejas. En ocasiones nos tocará escuchar algunas historias muy complicadas y tendremos que pedir sabiduría de Dios para saberlas manejar. En verdad que si usted ha pastoreado por cualquier cantidad de tiempo, se dará cuenta de que aun a las telenovelas más bárbaras les falta la creatividad que la gente tiene para meterse en problemas. Hay situaciones que requieren manejarse con absoluta delicadeza y cuidado. Siempre, aun en esos casos de extrema sensibilidad, se les pide a las personas el permiso para incluir a otros dentro del círculo de los que saben su información, con el fin de orientarlas mejor. Asegúrese, en ese caso, de siempre incluir solamente a aquellas personas que usted, con el tiempo, ha comprobado que son discretas y maduras con la información conferida. Si usted comparte información delicada y sensitiva con ciertas personas, especialmente aquellas que no tienen la madurez suficiente para procesarla con sabiduría, simplemente no podrán con esa carga. Por lo que, en la mayoría de los casos, una persona inmadura que recibe información confidencial no se tardará en regarla por todos lados. Como pastores, tengamos cuidado al escoger a quiénes les contamos los detalles.

SITUACIONES MÁS DIFÍCILES

Existen algunas situaciones aun más difíciles en las que tenemos que accionar con decisión y cautela. Son aquellos casos en los que una persona nos ha confesado que está por matar a alguien, o que discernimos honestamente que la vida de otro está en peligro, a causa de lo que ha declarado el confesante. En estos casos, debemos actuar asertiva y atinadamente. En Estados Unidos, por ejemplo, la ley obliga a los pastores a reportar tanto estos casos como cualquier situación que conozcamos de algún menor de edad que ha sufrido una violencia física o sexual. Al no reportarlo, dicta la ley, nos hacemos cómplices en el crimen y habrá consecuencias para aquel pastor que supo la información y no hizo nada al respecto. Sería recomendable que se tome el tiempo y la molestia de conocer cuáles son las leyes al respecto en su país. Sería triste que por no conocerlas, infringiera alguna ley que lo exponga a una responsabilidad y consecuencia indeseada.

EN LA NIEBLA DE INCERTIDUMBRE

La historia militar registra que en 1837 un analista de guerra prusiano llamado Carl Von Clausewitz acuñó el término «niebla de guerra» para referirse a las batallas donde se levantaba una densa niebla creada por la pólvora como zonas de caos y, sobre todo, de incertidumbre. Al ▓▓▓▓▓▓▓ esta idea, Von Clausewitz destacó: «La tercera parte de ▓▓▓▓▓▓▓▓▓▓▓▓▓▓▓▓▓▓▓▓▓▓▓ menor medida, en una niebla

las acciones propi▓▓▓▓

En el ámbito militar, aunque los tiempos han cambiado, ▓▓▓▓▓▓▓ de «niebla de guerra» de Von Clausewitz se sigue utilizando, y algo similar experimentan nuestras ovejas cuando están en el valle de sombra de muerte. Hay momentos de lucha espiritual y prueba que crean mucha incertidumbre, y en los que la presencia y sabiduría de un buen pastor generan una seguridad que ayuda a disipar la neblina. En esos momentos de lucha espiritual, aunque uno percibe el ataque, es difícil discernir lo que el enemigo está haciendo y también es difícil entender lo que Dios está haciendo y de dónde vendrá su refuerzo; por eso necesitan a alguien cercano que haga más real que Dios está prestándoles atención y no les ha abandonado.

Von Clausewitz decía que en los momentos de «niebla de guerra» se requiere un líder con una mente sagaz que no se deje abrumar por la situación y que tenga buen juicio para determinar la verdad y la dirección que hay que seguir, y eso necesitan nuestros liderados en los valles de sombras de muerte. Debido a eso, el trabajo de pastor no es apto para los débiles de corazón. Es para gente fuerte, estable, madura y preparada. Por eso me alegra compartir con usted estas páginas y que usted se esté fortaleciendo cada día más para ser un buen pastor. Las ovejas lo merecen, porque son ovejas de *Su* prado. Cuídelas como el buen mayordomo que usted es. Protéjalas. Tápelas y cúbralas con mucho amor, cariño y esmero. Valen la pena. Dios las ha comprado a precio alto: la sangre preciosa de Jesús.

Como Dios le dijo a Jacob en su sueño en Betel: «Yo estoy contigo. Te protegeré por dondequiera que vayas, y te traeré de vuelta a esta tierra. No te abandonaré hasta cumplir con todo lo que te he prometido» (Génesis 28.15, NVI), sería precioso que nosotros mostráramos ese compromiso con las ovejas puestas a nuestro cuidado.

> NOS CORRESPONDE A USTED Y A MÍ, COMO LÍDERES Y PASTORES, SER BUENOS CON LAS OVEJAS. AUN CUANDO ANDEN EN VALLE DE SOMBRA DE MUERTE, NO TEMERÁN, PORQUE USTED, QUERIDO PASTOR, IRÁ CON ELLAS.

1. [texto ilegible] Salmos 23.4, cuando David escribe:

[texto ilegible]

_____

2. Exponga una experiencia personal, o de otro líder, en la que haya constatado que sus ovejas se han sentido tranquilas porque usted, o el líder, ha estado con ellas en momentos difíciles.

_____
_____
_____
_____

3. ¿Cuál es el código de ética que debe abrazar cada pastor y líder en el trato de las cuestiones sensibles en la vida de las ovejas?

_____
_____
_____
_____
_____

4. Describa una situación en la que un líder ha desprotegido a las personas por su falta de confidencialidad. ¿Qué consecuencias ha traído esto para la persona afectada?

_____
_____
_____
_____
_____

5. ¿Alguna vez ha utilizado el testimonio de algún hermano en su mensaje? ¿Cómo ha manejado la situación?

_____
_____
_____
_____
_____

6. Hasta el presente, qué tan dedicado ha estado al cuidado y protección de sus ovejas. ¿Explique cómo podría mejorar en este aspecto?

_____
_____
_____
_____
_____

7. Señale tres estrategias mediante las cuales los pastores pueden conseguir la ayuda necesaria para proteger y cuidar a sus ovejas.

_____
_____
_____

8. ¿Cómo deben actuar los líderes en las situaciones en extremo difíciles, por ejemplo aquellas en que la persona confiesa que

_____

_____

9. ¿Conoce bien las leyes de su país? ¿Por qué es importante que los pastores tengan un conocimiento adecuado de las leyes en relación con la violencia física o sexual?

_____

_____

_____

_____

_____

10. ¿Existe similitud entre el término «niebla de guerra» y lo que experimentan las ovejas cuando están en el valle de sombra de muerte? Explique con un ejemplo.

_____

_____

_____

_____

_____

11. Describa a un líder exitoso en lo que respecta a la protección y cuidado de sus ovejas. Enumere los beneficios en este sentido.

_____

_____

_____

_____

_____

12. ¿Qué características personales se deben tener para ser un buen pastor? ¿Considera que usted reúne estos requisitos? ¿Qué aspectos debería mejorar?

_____

_____

_____

_____

LOS **8**
HÁBITOS DE LOS
MEJORES

GUÍA DE ESTUDIO

CAPÍTULO **10**

EL REGALO
DE LA
DISCIPLINA

> «TU VARA Y TU CALLADO ME INFUNDIRÁN ALIENTO».

Salmos 23.4

En la analogía bíblica, la vara y el callado son el instrumento de disciplina y corrección que utiliza el pastor para instruir a la oveja. La parte larga del instrumento, la vara, es utilizada para llamarle la atención a la ovejita mediante unos golpecitos tiernos, pero firmes, para que le ponga atención al pastor. Típicamente, una oveja solo requiere un gol_____ _____ tiene una relación de confianza con su pastor. De

cuando se avecinaba un peligro. Sencillo y _____ _____ do con un cuidado tal que no deje ni heridas ni traumas en la oveja. Se ejecuta la disciplina con discreción y prontitud.

Cuando nos involucramos en las vidas de las personas, en cualquier posición de liderazgo, tendremos tanto la oportunidad como la necesidad de ejercer disciplina en algún momento u otro. Por muy estelar o bien portada que sea la oveja, tarde o temprano se presentará alguna ocasión para regresarla a los principios del orden, y para ese fin es que sirve la disciplina: corregir actitudes con el fin de regresar al discípulo a los principios del orden. No sirve para que el líder o el pastor imponga sus ideas, decisiones o propósitos sobre la vida de las ovejas, sino para enseñarlas, moldearlas y dirigirlas hacia el buen caminar en la vida. La disciplina sirve como una escuela en la que podemos asistir a la oveja en el conocimiento de cómo tomar las mejores decisiones. En ese sentido, la disciplina viene a ser una delicada pero efectiva herramienta en manos del pastor para agregar valor a la vida de la oveja.

La palabra *disciplina* tiene, en su origen, la misma raíz que la palabra *discípulo*. Es decir, una oportunidad para disciplinar debería ser también una oportunidad para discipular, o enseñar. Si la oveja no aprendió algo a través de la acción disciplinaria, entonces dicha acción no cumplió su fin correcto. Una disciplina ejecutada sin un resultado discipulador (didáctico/enseñanza), es un acto despótico y enajenador. Esa clase de disciplina hace que la oveja se sienta marginada, echada a un lado y desprotegida. Sin embargo, una acción disciplinaria ejecutada con buen corazón y espíritu puede lograr resultados maravillosos en ella, asegurando el aprendizaje de lecciones que jamás olvidará a lo largo de su vida. Ojalá que los pastores tuviésemos más cuidado a la hora de ejercer la disciplina sobre las preciosas ovejas que Dios ha puesto bajo nuestro cuidado. Sin duda, tendremos que rendir cuentas por la manera en que las disciplinamos.

La acción disciplinaria del buen pastor produce *aliento*. Es decir, lejos de exasperar o provocar angustia en la oveja, la disciplina, correctamente aplicada, produce un resultado alentador en la oveja. La anima e impulsa a ser mejor. Se emplea la palabra *aliento* en esta ocasión por el simple hecho de que la disciplina correcta le da nuevo oxígeno, nueva esperanza y nuevos ánimos al discípulo. Visto estrictamente desde este parámetro, cualquier disciplina que no produzca aliento en el disciplinado no es ni correcta ni bíblica.

> LA DISCIPLINA QUE VIENE DE DIOS ES UN REGALO. ES CORRECCIÓN AMOROSA. NACE DE UN DESEO Y ANHELO DE RESTAURACIÓN Y SANIDAD, Y NO DE UN INTENTO DE RETRIBUCIÓN, VERGÜENZA Y CASTIGO. IMPULSA A SER MEJOR, INSTRUYE, PRODUCE ALIENTO.

DIFERENCIA ENTRE DISCIPLINA Y CASTIGO

Disciplina y castigo no son lo mismo. El castigo es una retribución. Tiene que ver con el viejo mandamiento de ojo por ojo y diente por diente (Éxodo 21.23–25), conocido como la ley del talión. Hiciste algo malo y te hago algo malo en retribución porque la ley dice que es lo que te mereces... Jesús, sin embargo, reinterpretó ese mandamiento al decir: «Así que en todo traten ustedes a los demás tal y como quieren que ellos los traten a ustedes. De hecho, esto es la ley y los profetas» (Mateo 7.12, NVI), y dejó claro que nosotros debemos actuar no para retribuir, sino para ayudar tomando la iniciativa en hacer lo que quisiéramos que se haga con nosotros.

La idea se va haciendo clara en toda la enseñanza de Jesús. El castigo está enfocado en el pasado y, en cambio, la disciplina, en el futuro; por eso me es tan lamentable hacer la observación de que la mayoría de la disciplina que se ejerce en la iglesia cristiana de hoy dista de producir aliento en las vidas de los que la reciben. Al contrario, existe un alto nivel de despotismo y totalitarismo por parte del liderazgo en cuestiones de disciplina. Existen pastores a quienes se les olvida que las ovejas gozan de sacerdocio personal. Por lo tanto, asumen el papel de decidir todo por ellas, y cuando las ovejas no hacen exactamente al pie de la letra todo lo que les ordenaron, los pastores se molestan profundamente y emplean medidas disciplinarias extremas que avergüenzan y marcan de por vida a la oveja. Existe tanto abuso de autoridad entre los líderes cristianos que se ha convertido en una epidemia nociva dentro de la iglesia. De hecho, una gran cantidad de las personas que abandonan la iglesia cristiana y se alejan por completo de las cosas de Dios testifican sobre el claro abuso de autoridad por parte de pastores y líderes. Es una tristeza y una desgracia. Es algo que [illegible]

[illegible]

[illegible] base, se desconfía por completo el uno del otro. Sin embargo, donde existe una relación de amor y compromiso habrá una confianza absoluta, y tanto el disciplinador como el disciplinado entienden que la disciplina servirá para cumplir el propósito eterno del desarrollo y crecimiento de ambos, no solo del disciplinado, aunque seguramente será el más beneficiado, sino también del disciplinador, ya que en cada experiencia disciplinaria aprende a ser un mejor pastor y a velar con más cuidado por sus ovejas. Se puede resumir en la siguiente ecuación:

DISCIPLINA – RELACIÓN = TIRANÍA
DISCIPLINA + RELACIÓN = DISCIPULADO

Uno de los más grandes regalos que Dios jamás me ha dado se llamó Francisco Warren. Era mi padrastro. Por más de treinta y nueve años fungió como la figura central de mi vida familiar. Mi padre biológico murió a mis dos años de edad, y mi mamá se casó con don Francisco cuando yo tenía cinco años. Lo que aprendí de este hombre de Dios es demasiado para contar en estas páginas. Sin embargo, una de las lecciones más grandes que me pudo haber dejado fue el delicado balance entre disciplina y relación. Él sabía que la una no podía funcionar sin la otra. Aunque a veces fallaba de un lado para el otro, le reconozco el esfuerzo constante que tuvo de buscar siempre ese balance. Estaba comprometido ferozmente, casi hasta la obsesión, con el deseo de ser alguien que disciplinara en base a una relación de confianza, amor e intimidad.

No recuerdo que alguna vez nos haya corregido sin incluir el elemento de relación. Por ejemplo, al terminar alguna «sesión de corrección» (entiéndase por la aplicación corporal de la vara bíblica en la parte posterior de la anatomía), siempre se tomaba el tiempo de abrazarnos, orar con nosotros y explicarnos, de nuevo, los porqué de la corrección recién vivida. Siempre nos explicaba antes el porqué iba a disciplinarnos y lo repetía después de haberla ejecutado. La lección quedaba clara.

Una de las más grandes lecciones que me pudo dar mi papá fue en lo referente a la humildad. Nos enseñó el principio de que si cometemos algún error, busquemos corregirlo mediante la petición de perdón y la búsqueda de la restitución. La siguiente experiencia relata lo que digo. En cierta ocasión, él me corrigió por algo que yo no había hecho. Tendría unos diez años de edad y le había insistido en que yo no había sido quien había perpetuado el «crimen» que requeriría una disciplina. Él no me creyó y me disciplinó con la vara de todos modos. Cuando estábamos terminando me preguntó: «Marcos, ¿entiendes bien por qué te discipliné?», que era lo que siempre preguntaba a la hora de terminar una disciplina corporal. Le contesté llorando: «No, papá. No fui yo. Me disciplinaste equivocadamente». Cuando mi papá se dio cuenta de que yo, aun después de recibir la disciplina, insistía en que me había disciplinado mal, entró a recapacitar, y esto lo instó a investigar más a fondo las circunstancias alrededor del «delito» que suponía yo había cometido.

Esa investigación requirió que se subiera a su camioneta y cruzara toda la ciudad a hablar con otra persona que corroboró mi versión de los acontecimientos. Cuando volvió, después de un par de horas, me fue a buscar y lo que hizo a continuación marcó mi vida para siempre. Al verme, se arrodilló ante mí. No olvide: yo tenía diez años de edad y este caballero y hombre de Dios estaba arrodillado ante mí. El impacto de ese momento no se me ha borrado hasta la fecha, muchas décadas después. Me tomó de una mano y me pidió perdón. Este gran hombre me acababa de mostrar una de las más grandes lecciones de liderazgo que un niño jamás pudo haber recibido: la humildad. Es cosa de grandes reconocer cuando hemos cometido un error.

Él fue un ejemplo vivo del versículo que dice: «Porque el Señor disciplina a los que ama» (Hebreos 12.6, NVI). Mi papá me amaba, por lo tanto, me disciplinaba. La palabra original que se utiliza donde leemos *disciplina* en este verso es la palabra *paideia* que simplemente significa «instruir». De nuevo, la disciplina debe ser para instruir. De no ser así, no produce aliento. Si no produce aliento, no es disciplina bíblica.

LO QUE NO PRODUCE ALIENTO

Hay una cantidad de ejercicios disciplinarios que no son bíblicos porque no producen aliento en el disciplinado. Estas son las maneras de no disciplinar:

1. Flagelar en público.

ovejas al bien de Jehová.

2. Cuarenta azotes menos uno.

Esta práctica de los romanos era reservada para el peor de los criminales. A Jesús le tocó recibir treinta y nueve azotes (cuarenta menos uno). Solo se permitían cuarenta azotes en total. Si el que golpeaba se pasaba por un golpe, el golpeado podía tomar el azote y darle cuarenta a su verdugo. Por eso siempre se detenían en treinta y nueve, por aquello de que hubieran contado mal. Sin embargo, treinta y nueve azotes es tortura, en toda la extensión de la palabra. Algunos pastores en lugar de corregir a sus ovejas, las torturan. Le dan hasta que maten a la ovejita. Pastores, una vez que hayan ejercitado una disciplina correcta, que da aliento, suelten a la oveja. No la sigan golpeando.

3. Ser irrespetuoso.

Faltarle al respeto a la oveja no producirá más que enajenamiento entre ambos. Hablarle con desdén y desprecio solo producirá en ella desdén y desprecio hacia el pastor. No tenemos por qué entrar en un vocabulario injurioso, denigrante u ofensivo. Al faltarle el respeto a sus ovejas, solo se está faltando el respeto a usted porque le están siguiendo porque se supone que usted es el líder. Al tratarlas con falta de respeto, les está diciendo, en efecto, que son tontas por seguirlo a usted. No se falte usted mismo el respeto al faltarle el respeto a ellas.

4. No hacer una mejor investigación / escuchar solo un lado de los datos.

Un error que cometemos con demasiada frecuencia es olvidar que siempre hay dos lados de una historia. Existe una tendencia humana a procesar una serie de datos en el momento de oírlos. Nos entra la tentación de sentir la ofensa de la persona que nos está contando su versión de las cosas y queremos tomar acción inmediata, porque, como líderes, una de nuestras tareas es traer balance y justicia a las circunstancias que nos rodean. Sin embargo, el líder maduro entiende que no debe tomar una decisión basándose solo en un lado de la información. Debe hacer una investigación más profunda o bien tomar una determinación si siente que está siendo víctima de un vil chisme. Pero si existe una situación real, debería tener la disciplina de no ejercer disciplina hasta que sepa todos los datos del asunto.

Ejercitar en otros la disciplina requiere que seamos autodisciplinados (2 Timoteo 1.7).

5. Gritar y perder el control.

Los pastores son líderes. Los líderes somos apasionados. Los apasionados vivimos con un torrente de emociones fuertes que nos hacen quienes somos y, en la mayoría de los casos, es precisamente esa pasión, energía, vitalidad y entusiasmo lo que atrae a tantos seguidores. Armados con ese conocimiento, los pastores tenemos la obligación de ser disciplinados con esas pasiones. No podemos mostrar el mal ejemplo de perder el control gritando y regañando en público a las personas. Además de verse mal, es de muy mal gusto. Además, provoca un ambiente de desánimo y desaliento en las personas. Adicionalmente, cuando la gente ve a un líder comportarse así, les da pena ajena. Sienten lástima por ese líder. No los acerca ni los congracia. Normalmente los aleja. Mantenga la calma, aunque tenga que contar hasta mil. Sus ovejas, y todos nosotros, se lo vamos agradecer.

6. «Congelar» al disciplinado.

Otra de las tácticas que se utilizan sin efectividad es la de tratar al disciplinado como si tuviera lepra. No le hablan, no lo buscan, no preguntan por él, y cuando lo topan en público lo ignoran o lo tratan como un ser humano de baja categoría. Esto muestra mucha inmadurez por parte del pastor. Es, literalmente, una niñada. Así hacíamos las cosas en la primaria y aun entonces, después de quince minutos, olvidábamos la ofensa y volvíamos a incluir a nuestro amigo al grupo. Una vez que le haya llamado la atención a la oveja, regrésela al redil con toda la dignidad que se merece y asegúrese de que nadie la margine ni la señale. La disciplina que produce aliento es hecha con tanta elegancia que nadie sabe lo que sucedió.

7. «Sorprenderlo» en una mentira o falta.

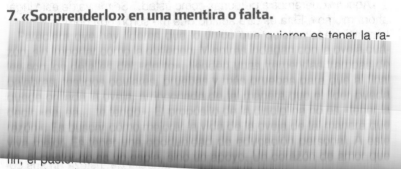

fin, el pastor desea lo mejor para su encargo.

8. Traer a la memoria los errores ya tratados y corregidos.

«Es que tú siempre haces esto. Recuerda la vez cuando...». Esas son palabras que el pastor nunca debe usar en una ocasión de disciplina. La oveja es la primera en conocer sus patrones. Es la primera en recordar todos los errores de su pasado. Qué bueno que servimos a un Dios que no recuerda nuestros errores del pasado, sino que nos pinta un futuro brillante. Ese ejemplo debemos tomar del Señor. Cuando disciplinemos, no les recordemos sobre cosas que ya han quedado resueltas. A menos que la oveja esté incurriendo en el mismo error una y otra vez. En ese caso, deberíamos ver cuál es entonces el error en nuestro proceso de restauración que causa que la persona incida en los mismos errores. El que una oveja cometa el mismo error es tanto un reflejo de él como individuo, como del pastor que no ha sabido conseguirle la ayuda adecuada para que no vuelva a incidir. En ese caso, ambos tienen responsabilidad. Revise sus métodos de discipulado para saber cómo ayudar mejor a esta oveja. No pierda de vista que la razón principal de ejercer disciplina es para que la oveja aprenda algo que le ayude a no cometer el mismo error.

9. Utilizar tácticas de vergüenza.

«Debería darte vergüenza...». Más vocabulario inaceptable para disciplinar a las ovejas. La disciplina no es para causar vergüenza, es para enseñar códigos de conducta que hacen que la oveja vuelva al orden. Es para educar. Utilizar la vergüenza y la degradación como herramientas didácticas es inaceptable. No ayuda en nada.

10. Correrla del redil.

«Aquí no queremos a personas como usted... Se me va de este lugar ahora mismo». Esta es otra actitud que me sorprende porque lleva inherente una falta de entendimiento de a quién le pertenecen las ovejas. ¿Quiénes nos creemos para correr a las ovejas? ¿Qué derecho nos asignamos como para sentir que tenemos esta autoridad? ¿Acaso se nos olvidó que son «ovejas de su prado» (Salmos 100.3) y que nosotros solo somos mayordomos de ellas? ¿Qué cuentas le rendiremos de cómo tratamos a esas personas?

Los pastores estamos para ayudarles a solucionar sus problemas y enseñarles a vivir mejor. Si las corremos, perdemos toda la inversión ya hecha en sus vidas, aparte de dejar una huella de tristeza en sus corazones, por no mencionar la posibilidad de amargura o resentimiento que casi siempre es el resultado de tal acción definitiva. Seguramente podríamos encontrar la templanza necesaria para seguir discipulando estas vidas que han sido encargadas en nuestras manos. ¿No cree usted? Ahora le pregunto: ¿hay algún límite? Solo se me ocurre uno, y es que esta persona sea un peligro concreto y real para otros. No me refiero a una «opinión», sino que sea alguien que haga correr peligro a los menores, a los débiles o que crónicamente ejercite maldad sobre otros. En esa circunstancia, vístase de gracia pero observe que el acto de alejar a esta persona también debe ser hecho con misericordia.

11. Boletinar a la oveja.

«Para su difusión inmediata: el siguiente individuo _____ ha sido hallado deficiente de carácter y moralidad cristiana. Asegúrense de no recibirlo en ninguna iglesia en toda esta ciudad y, de ser posible, impídanle la entrada al cielo mismo...». ¿En serio? La cantidad de problemas que provocan este tipo de circulares es incalculable. Aunque usted no lo crea, he visto y tenido en mis manos algunos de estos boletines. Uno de ellos tenía que ver conmigo: me habían boletinado en una denominación. Prohibida mi entrada a cualquiera de sus iglesias o eventos, de cualquier tipo. ¡Cuán ciegos somos los líderes cuando estamos proclamando a los cuatro vientos lo que otros hicieron mal! Solo logramos que las ovejas se alejen, se confundan, se dispersen, anden por ahí a escondidas. El boletinar a las personas no ayuda en ninguna manera a crear un ambiente que facilite el discipulado ni el crecimiento. Solo causa más heridas y dolor. Aparte de eso, muchas de las personas que etiquetamos como «problemáticas» deberían tener la oportunidad de cambiar, crecer, madurar y llegar a una vida plena en Cristo. Si las boletinamos porque no han cumplido con nuestras expectativas, estamos profetizando (mediante el mismo boletín) un futuro de inmadurez. Muchas veces, el «boletín» no es una hoja física con palabras escritas, sino una actitud de tachar a una persona y nunca más darle oportunidades. Esto es igualmente doloroso y dañino para la oveja.

EL GRAN OBJETIVO DE LA DISCIPLINA ES VER A LA OVEJA LLEGANDO A NUEVOS NIVELES DE COMPRENSIÓN Y DISFRUTE DEL PLAN DE DIOS PARA SU VIDA Y, AUNQUE A VECES DUELA LA CORRECCIÓN, TANTO A LA OVEJA COMO AL PASTOR, LA INTENCIÓN DETRÁS DE LA ACCIÓN DE DISCIPLINAR ES QUE ESA OVEJA ALCANCE UN FUTURO MEJOR Y SANE CUALQUIER HERIDA RESULTADO DE UN ERROR.

1. ¿En qué consiste el gran objetivo de la disciplina? Ejemplifique con algún caso que conozca en el que sean palpables los resultados positivos de la disciplina que viene de Dios.

   _____

   _____

   _____

   _____

2. Enumere los once ejercicios disciplinarios que no son bíblicos, según el autor, y explique brevemente cada uno de ellos.

   _____

   _____

   _____

   _____

3. ¿Qué significan en la analogía bíblica la vara y el callado? ¿Cómo son empleados por el pastor? ¿De qué manera esto es parecido a la forma en que un líder debe tratar a sus ovejas?

   _____

   _____

   _____

   _____

4. ¿Está de acuerdo con el autor cuando afirma que «la buena acción disciplinaria del pastor produce aliento»? Argumente.

   _____

   _____

   _____

5. ¿Cómo se puede distinguir la disciplina del castigo?

_____
_____
_____

_____
_____
_____
_____

7. Explique las siguientes ecuaciones:
   Disciplina – Relación = Tiranía
   Disciplina + Relación = Discipulado

_____
_____
_____
_____

8. Argumente la connotación que tiene para los pastores el texto que aparece en Hebreos 12.6: «Porque el Señor disciplina a los que ama».

_____
_____
_____
_____

9. ¿Qué sucede si usted no es respetuoso al disciplinar a sus ovejas?

_____

_____

_____

_____

10. ¿Qué connotación negativa tiene el gritar y regañar en público a las personas?

_____

_____

_____

_____

_____

11. ¿Por qué es desacertado sacar a las ovejas del redil cuando han cometido algún error? ¿Conoce a alguna persona que haya pasado por esto? ¿Qué consecuencias le trajo esa decisión?

_____

_____

_____

_____

12. ¿Ha tenido en su vida alguien que haya aplicado la fórmula: Disciplina + Relación = Discipulado? Describa dos lecciones aprendidas con esa persona.

_____

_____

_____

_____

_____

CAPÍTULO **11**

EL
MISTERIO
DE LA
TOALLA

«ADEREZAS MESA DELANTE DE MÍ EN PRESENCIA DE MIS ANGUSTIADORES; UNGES MI CABEZA CON ACEITE; MI COPA ESTÁ REBOSANDO».

Salmos 23.5

LA TAREA DEL PASTOR ES SERVIR A SUS OVEJAS Y ASEGURARSE DE QUE LA MESA SIEMPRE ESTÉ NUTRIDA DE ALIMENTO SANO, SALUDABLE Y DELICIOSO QUE RENOVARÁ LAS FUERZAS, EL ÁNIMO Y LA VIDA DE LA OVEJA.

conceptualmente. Entonces, ¿por qué existen siervos? ¿Por qué aún existen líderes que sienten que todos los demás deberían servirles a ellos y no al revés? ¿Cuál es el misterio de la toalla? En teoría, tenemos bien abrazado este principio de servir, pero en la práctica nos hace mucha falta caminar hacia la meta de ser pastores que les preparan la mesa a sus ovejas, es decir, les sirven.

El misterio del ejercicio del servicio tiene mucho que ver con la cuestión de la identidad. Saber quiénes somos y entender nuestro rol. Si nos detenemos a pensar que el Buen Pastor es nada más y nada menos que Jehová, el soberano del universo, sirviéndole la mesa a la oveja, resulta impactante. Jehová mismo preparando, sustentando y sirviendo la mesa.

El simbolismo es claro: la tarea del pastor es servir a sus ovejas y asegurarse de que la mesa siempre esté nutrida de alimento sano, saludable y delicioso que renovará las fuerzas, el ánimo y la vida de la oveja. Tomando su ejemplo, la lección es clara: es la tarea de cada pastor servir a las ovejas que Dios les ha encargado, y ese servicio va de la mano de la autoridad. ¿Por qué, entonces, es tan difícil para nosotros hacer lo mismo? Quizás es porque nos sentimos inseguros de quienes somos.

SIN ACEPCIÓN DE PERSONAS

A través de los años he tenido la oportunidad y el gusto de viajar muchísimo con mi banda. Son músicos profesionales que han dedicado sus talentos al servicio del Señor, y sin los cuales no podría hacer con efectividad la labor a la que Dios me ha llamado. Nos ha tocado estar en muchas circunstancias juntos, la mayoría de ellas buenas pero en algunas otras, no tanto. Una de las actitudes que noté al empezar a viajar era que algunos líderes y pastores que nos recibían en sus iglesias o ciudades me trataban de forma diferente a mí que a mi banda. En ocasiones era tan notoria la disparidad que daba pena.

Como pastores, ¿por qué no tratamos a todos con el mismo respeto y solicitud? ¿Por qué reservamos un mejor trato o actitud hacia quienes creemos ser más «dignos»? Una de las metas que me propuse hace muchos años es que al recibir a cada individuo lo hiciera sentir como la persona más importante en todo el universo en ese momento. Mi meta es que se vaya de mi presencia sintiendo que ha sido escuchada, atendida y servida. ¿Habré fallado alguna vez? Sin duda que sí porque soy un ser humano con mil fallas. Pero por lo menos ha sido una meta a la que le atiné más veces de las que fallé.

Uno de los mejores ejemplos de un pastor siervo lo tuvimos cuando visitábamos cierta congregación cristiana en un país centroamericano. Habíamos tenido un día muy largo con mucho trabajo. Para cuando termina un día como estos, los profesionales están sumamente cansados, necesitando una ducha, una cena y una cama donde descansar.

En esta ocasión, nos habían preparado una cena en uno de los salones del mismo plantel de esta masiva congregación. Cuando llegamos al sitio donde nos servirían, reinaba un ambiente de alegría y fiesta. Habían colocado unos banderines con los colores de su país, y todos los servidores vestían trajes típicos de su nación, elegantes y relucientes esperando emocionados nuestro arribo. Fue impactante la escena porque se notaba que estaban felices y orgullosos de servirnos. Cuando entramos, comenzó a sonar música típica y festiva de la región. Esta hermosa gente había preparado todo un ambiente de fiesta para honrar a Marcos Witt y su banda. Me sentí tan halagado al ver con cuánta elegancia trataban a mi banda. Estos hombres sumamente profesionales y entregados, pero exhaustos, que hacen su trabajo, no para que les aplaudan (de hecho, la mayoría de ellos nunca reciben reconocimiento alguno), sino porque aman lo que hacen, aparte de amar al Señor, estaban siendo reconocidos y servidos por este bello grupo de personas que con tanto agrado habían preparado esta fiesta, con música, baile, color y comida. Cuán hermoso es el Cuerpo de Cristo. Unos sirviendo a otros. Ojalá fuera así en todos lados.

Noté una felicidad y satisfacción en el rostro de cada uno de los músicos y técnicos que conformaban mi equipo de trabajo. Su sonrisa lo decía todo: estaban siendo servidos y a través de ese servicio sencillo, estaban siendo honrados. Es importante entender que el servicio a otros honra. Pero lo que más me sorprendió de esa festiva escena fue ver al pastor principal de aquella enorme congregación con muchísima influencia mundialmente, detrás de una de las mesas de servicio, en fila con todos los demás servidores, llenando los platos de mis músicos.

Sería tan sano que existieran más pastores como él. Pastores que le coloquen un alto valor al servicio, así como Jehová, el Buen Pastor, lo coloca. En lugar de lo que vemos en tantas congregaciones cristianas, donde los pastores están buscando tener los principales lugares, deseando ser reconocidos y queriendo destacar entre sus consiervos. ¿Cómo cambiaremos esta lamentable realidad? Haciendo lo mismo que hizo Jesús: tomando forma de siervo. No se aferró a su título de ser «igual a Dios»

SERVIR EN EQUIPO

Las personas con un genuino corazón de servicio no tienen dificultad para trabajar en equipo y fortalecer a otros a su lado.

En el Nuevo Testamento está claro que el liderazgo lo ejercían colectivamente el grupo de ancianos de una iglesia, que eran los líderes bajo la dirección del Espíritu Santo. No era un solo hombre el responsable de hacerlo todo. El pastor no puede ser visto ni verse a sí mismo como un mecánico que corre de un lado al otro con una caja de herramientas eclesiásticas solucionando problemas, temiendo que aparezca el siguiente o que algún engranaje esté fuera de lugar. Debe dedicarse a nutrir a un grupo de discípulos de Jesús con quienes compartir la tarea del liderazgo.

PARA SER LOS PRIMEROS, SIRVAN

Jesús enseña a sus discípulos sobre cómo ser siervos. Generalmente, las personas piden y desean visibilidad. Buscan los mejores puestos. ¿Por qué nunca nadie se discute los puestos de servicio? ¿Cómo no vemos a las personas peleándose para ver quién puede servir a los demás? No. Casi siempre son pleitos teniendo que ver con posición, autoridad, visibilidad, prestigio y renombre. Pero Jesús nos da una nueva serie de instrucciones, totalmente opuestas a lo que es el sistema de este mundo.

En efecto, Jesús dice que no usemos el sistema de este mundo como nuestro modelo de liderazgo, sino que usemos el que Él implementaría ahora: «No hagan las cosas como siempre las han visto, háganlas así...». Nueva serie de reglas. Cambio de juego. Nueva mentalidad.

Seis palabras que cambiarían el panorama del liderazgo cristiano para siempre.

Jesús dice: «¿Quieren ser grandes? ¡Sirvan!». Qué incomodidad han de haber sentido. Ojalá la mamá hubiera rondado aún por ahí para darse cuenta de la metida de pata que había cometido. Los demás discípulos que habían discutido con los hijos de Zebedeo, peleándose por los puestos, seguramente solo miraban el piso en silencio, apenados por haber entrado en tal discusión tan absurda. Jesús, con su compasión y amor incondicional, sigue instruyendo. Dice: «¿Quieren ser los primeros? ¡Sirvan!».

Un Reino totalmente al revés de los reinos humanos de esta tierra. Un Reino donde el más grande de ellos, Jesús mismo, el Hijo de Dios y Redentor de la humanidad, tomaría una toalla y agua para lavar los pies de Sus discípulos. Un Reino donde, en lugar de buscar visibilidad, buscó servir. Donde en lugar de ser servido, vino a servir y dar su vida en rescate de muchos (Mateo 20.28). Si el más grande entre nosotros hizo esto por nosotros, ¿cual, entonces, será el ejemplo para cada uno de nosotros? Hacer lo mismo por aquellos que están bajo nuestro cuidado. Servir y dar nuestra vida en rescate por muchos. Es lo menos que podemos hacer ante este ejemplo puro de servicio que nos ha dado nuestro Señor Jesucristo.

«EN PRESENCIA DE MIS ANGUSTIADORES»

Es interesante que David, siendo pastor, incluya esta frase en ese versículo que habla del servicio. En el cuadro tenemos la mesa, servida por el Buen Pastor, y la oveja sentada, siendo servida, atendida. Siempre que vemos mesas de banquete y comida en la Biblia, es representativo de la provisión Divina y abundante por parte de nuestro Señor que ha prometido siempre cuidarnos, alimentarnos y vestirnos mejor que las aves del cielo y las flores del campo (Mateo 6.33). Una mesa servida es el simbolismo teológico que hace referencia a la abundancia eterna de Dios. El mismo David, quien escribe de esta mesa, habla en otro salmo de que nunca ha visto al justo desamparado ni a sus hijos mendigando pan (Salmos 37.25). Dios proveerá para cada una de nuestras necesidades.

En este cuadro, aparte del ambiente festivo y acogedor del banquete que describe el salmista, también encontramos a unos seres tenebrosos que se limita en llamar simplemente: los «angustiadores». En otra versión se traduce, nuestros «enemigos». La palabra en el original significa alguien que oprime, impide (literal o figurativamente), acosa, ataca y encarcela. En otras palabras, es la descripción pura del enemigo de nuestra alma, Satanás. Siempre cerca, merodeando en las sombras para ver cómo nos puede atacar, acosar, reprimir, robar o

encarcelar. Observando todo con ese ojo envidioso, agachado y reza-
gado en una esquina obscura, mientras el Buen Pastor nos consiente,
nos ama y nos sirve la mesa con profundo amor y cariño. Todo lo que
el enemigo odia. Casi como que podemos escuchar al Señor decir:
«Ven acá, Satanás. Mira nada más lo que hago para mis hijos. Mira
cómo los consiento. Mira cómo les proveo. No hay nada que puedas
hacer para robarles la bendición, abundancia y provisión que les estoy
[ilegible] qué alegría les sirvo. Observa mientras les entrego el
[ilegible]

[ilegible]

nuestras ovejas y no distraernos [ilegible]
servimos, los enemigos no tienen acceso a las ovejas. Tendrán que
mantenerse en la distancia.

Existe un placer sin paralelo en esta tierra: ver las sonrisas, escuchar
las risas o presenciar las lágrimas de una persona que está siendo
servida por alguien que ama. ¿Usted lo ha experimentado? Yo no lo
cambio por nada del mundo. Uno de los mayores gozos que tenemos
como pastores es ver a las personas recibir toda la abundancia de
Dios, en presencia de los angustiadores, que solo quieren destruir sus
vidas. Recibir el bien y la benevolencia del Señor a pesar de sus difíciles circunstancias. Poder ser portadores de la gracia y bondad de
Dios a las personas necesitadas y observar sus reacciones de júbilo al
recibir el favor de Dios.

NO NOS CANSEMOS NUNCA DE GOZAR ESOS
MOMENTOS DE SERVIR A NUESTRAS OVEJAS EN
PRESENCIA DE SUS ANGUSTIADORES. GOCEMOS AL
VERLAS BEBER Y COMER DE LAS BENDICIONES DE
DIOS, MIENTRAS SUS ENEMIGOS NO PUEDEN HACER
NADA AL RESPECTO. SEAMOS QUIENES LES SIGAMOS
SIRVIENDO EL PLATO Y LLENANDO UNA Y OTRA VEZ,
ANTE LA MIRADA DESESPERADA DEL ANGUSTIADOR
QUE LO ÚNICO QUE DESEA ES DESTRUIR A ESA
HERMOSA OVEJA QUE DIOS NOS ENCARGÓ.

1. ¿En qué consiste el misterio de la toalla?

_____

_____

_____

_____

2. ¿El pastor debe ser al mismo tiempo siervo? ¿Por qué?

_____

_____

_____

_____

3. ¿Puede dar un ejemplo de alguien que haya puesto en práctica el hábito de servir sin hacer acepción de personas? Describa la situación. ¿Cuál debe ser la actitud correcta en este sentido?

_____

_____

_____

_____

_____

4. Comente la afirmación del autor: «El servicio a otros honra».

_____

_____

_____

_____

5. ¿Por qué es necesario que el pastor disponga de un grupo de discípulos con quienes compartir la tarea del liderazgo?

_____

_____

_____

_____

7. Hasta este momento, ¿se considera un instrumento útil al Señor en lo que respecta al octavo hábito, o sea servir?

_____

_____

_____

_____

_____

8. ¿Por qué los pastores debemos cuidar bien a nuestras ovejas y no distraernos de la tarea de servirles?

_____

_____

_____

_____

9. Según el autor, ¿cuál es uno de los mayores gozos que reciben los pastores?

_____

_____

_____

_____

_____

10. ¿Qué cree que usted es más: alguien que siente que todos le deben servir o alguien que se goza sirviendo a los demás? Argumente.

_____

_____

_____

_____

LOS **8**
HÁBITOS DE LOS
MEJORES
LÍDERES
GUÍA DE ESTUDIO

CAPÍTULO **12** EL
LEGADO

«CIERTAMENTE EL BIEN Y LA MISERICORDIA ME SEGUIRÁN TODOS LOS DÍAS DE MI VIDA, Y EN LA CASA DE JEHOVÁ MORARÉ POR LARGOS DÍAS».

Salmos 23.6

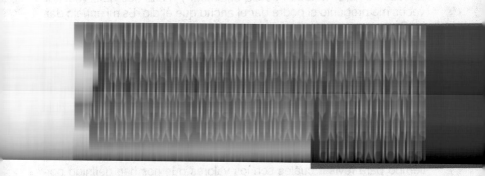

En el año 2006 mi papá se fue con el Señor. Su aportación natural y espiritual a mi vida es, literalmente, inmedible. Por eso, puedo decir sin lugar a equivocarme que él fue la persona que más influyó en mi vida.

Cuando él murió, nos dejó a toda la familia una herencia incalculable, aunque no de bienes materiales, porque no tenía muchas propiedades aquí en esta tierra. Tampoco nos dejó dinero en el banco, ya que casi todo el dinero que le llegaba lo invertía para la obra del Reino, a la que se dedicó la mayor parte de su vida. Pero la riqueza inmensa que nos dejó tiene que ver con su legado. Su carácter intachable, su integridad impecable, su entrega absoluta al Señor, su ejemplo de rectitud y honradez han sido nuestra principal herencia. Fue un hombre de convicciones fuertes y definidas. Vivía con los propósitos de su vida muy bien resueltos y ejecutados en total congruencia con quien era como ser humano. Fue el mismo en el púlpito que en la casa. Su trato con todos era ecuánime. Nunca vi a dos personas, siempre fue uno solo.

El día del funeral vinieron sus amigos de lugares diferentes del mundo para honrarlo y celebrar la memoria de esta gran persona. A la mitad del servicio, me empecé a dar cuenta de que había varias palabras que se repetían con frecuencia en los labios de quienes lo habían conocido a lo largo de sus setenta y cuatro años. Palabras como integridad, humildad, entrega, pasión por la Palabra, buen sentido del humor. En efecto, todos los que tuvimos el honor de estar en su vida podemos decir un fuerte y rotundo amén ante cada una de esas palabras, porque lo describen a la perfección. Mi papá fue un hombre riquísimo, sin tener dinero. Fue rico al poseer una serie de grandes actitudes que definían su ética de vida.

Reflexiono mucho sobre cuál será la herencia que les dejaré a mis hijos, tanto naturales como espirituales. En Proverbios 13.22 dice que el hombre «bueno» dejará herederos a los hijos de sus hijos. Mi papá fue ese hombre. Cuánta riqueza espiritual y moral nos dejó. Muchas veces me pregunto si podré dar el ancho que él dio. Es mi anhelo darlo. Cuando me siento desfallecer, me basta traer a la memoria su vida y escuchar de nuevo algunos de los consejos que me dejó, entonces me vuelvo a entusiasmar con la encomienda de dejar herederos a los hijos de mis hijos.

Hay dos definiciones principales de la palabra legado. La primera tiene que ver con «bienes materiales o posesiones que alguien le deja en herencia a su descendencia». La segunda definición tiene que ver con «valores, pensamientos y principios que igualmente se pasan a la siguiente generación». Cada uno de nosotros tenemos que tomar el tiempo para revisar cuáles son los valores que nos han definido porque, queramos o no, seremos recordados por esos valores.

Con más de treinta y tres años de experiencia en el ministerio a tiempo completo y con más de medio siglo vivido, hay algunos conceptos que me definen y caracterizan. Al igual que mi papá, creo que la herencia más importante que pueda dejar a los líderes y cristianos de hoy no será monetaria, sino en actitudes que deben definir nuestra vida. Actitudes que se convierten en hábitos, que luego se hacen parte de nuestra manera integral de vivir. Ya ni los pensamos, solo los practicamos porque se han convertido en las actitudes fundamentales que guían nuestra vida.

Uno de los mejores libros que he leído sobre liderazgo es el de John C. Maxwell titulado *Lo que marca la diferencia*. Él nos aconseja que convirtamos la actitud en nuestra posesión más valiosa. La actitud, advierte Maxwell, es el gran facilitador, ya que nuestra actitud, buena o mala, podría determinar si tendremos éxito o fracaso. Si no decidimos bien en cuanto a las actitudes que abrazaremos, esa mala decisión hará la diferencia en lo que respecta al final de nuestra vida.

La pregunta que me hice al empezar a escribir este capítulo fue: ¿cuáles serían las actitudes que más me gustaría ver en mis hijos en la fe? Para contestar esa interrogante me tuve que preguntar cuáles eran las actitudes más importantes para mi vida. Me pregunté cuáles serían las actitudes que he demostrado a través de mis acciones y ejemplo, ya que nunca pediría de otro algo que no estuviera yo dispuesto a vivir. Llegué a cinco ejes en los cuales considero que han girado los engranajes de mi vida.

Las cinco actitudes más importantes para mí las presento a continuación.

SER SIEMPRE ALGUIEN ENSEÑABLE

El único día que es válido dejar de aprender es el día en que muramos. Pero mientras tengamos vida, debemos buscar cada oportunidad para aprender. Es increíble pensar que la mayoría de nosotros

a un triste final solo porque no están dispuestos a seguir en control del timón. El dejar de aprender es una fórmula segura para terminar en el fracaso.

¿CÓMO EVITAR QUE EL ESPÍRITU DEJE / CESE DE APRENDER?

1. No sea un sabelotodo.

Entérese de que hay muchas personas a su alrededor que saben muchas más cosas que usted. Tenga la inteligencia para acercarse a esas personas y aprender todo lo que pueda. Si usted es la persona más brillante e inteligente en el grupo que siempre frecuenta, entonces debería buscarse otro grupo donde haya personas más inteligentes que usted, personas que lo desafíen y lo cuestionen. Esto nos estira y nos agudiza intelectualmente.

2. Escuche agresivamente.

Si es la persona que siempre está hablando en el grupo que lo rodea, es posible que usted haya dejado de ser enseñable. Deles una oportunidad a los demás de tener algo que decir. En esos ratos cuando otros hablan, escuche atentamente y permita que la ocasión le enseñe algo. Se sorprenderá de las cosas que podemos aprender cuando hacemos un silencio.

3. Mantenga un compromiso de honrar a otros.

El honrar y reconocer lo que otros están logrando es un gran paso para mantener un espíritu enseñable, porque al honrar a otros, decimos, en efecto, «No soy el único que obtiene resultados en su liderazgo». El reconocer que otros también tienen éxito, nos posiciona para poder aprender de esas personas. Si solo estamos impresionados con el trabajo que nosotros mismos estamos haciendo, lo más probable es que hayamos dejado de tener un espíritu enseñable. Vea a su alrededor. Haga una lista de los nombres de aquellas personas que usted admira y honra. Si esa lista es cortita, debe pedirle al Señor que le dé un espíritu enseñable.

4. Permita que le cuestionen.

Hay algunos líderes que piensan que nadie les puede objetar ni tener una opinión distinta a la de ellos. Típicamente, esos son líderes muy inseguros y peligrosos. El que tiene un espíritu enseñable permite que los demás le cuestionen el porqué hace esto o aquello. Las personas enseñables son aquellas que no solo permiten que les cuestionen, sino que piden ser cuestionadas. El tener la oportunidad de ser cuestionados nos estira intelectualmente.

Una práctica sencilla que podemos emplear en nuestra vida para siempre mantenernos enseñables es desarrollar un sencillo «plan de crecimiento personal». Este plan, en torno a nuestra vocación, puede ser útil para crecer constantemente y mejorar en aquello que hacemos. Es un plan que funciona para todas las disciplinas, artes o ciencia:

- Lea todo lo que pueda sobre su vocación.
- Asista a eventos donde le enseñen dinámicas relacionadas con su vocación.
- Búsquese un mentor en el área de su vocación y pídale que le dé asesorías esporádicas.
- Practique continuamente su vocación. La mejor manera de aprender es en la práctica.

SER SIEMPRE AMABLE CON LAS PERSONAS

Muchos creyentes piensan que el ser confrontativos es la única manera de ganar almas para Cristo. Lo único que consiguen es enajenar y alejar a los necesitados porque en esa confrontación no se percibe ni el amor ni la compasión de Dios. Se nos ha olvidado el versículo que dice que es la bondad de Dios la que nos guía al arrepentimiento (Romanos 2.4), no los golpes de Dios, no las confrontaciones de Dios, sino la bondad de Dios. Por eso envió al Espíritu Santo (el Consolador, no el confrontador) para guiarnos al arrepentimiento. Es la tarea del

Espíritu Santo convencer a las personas de sus errores y pecados. Es nuestra función acercarlos al Espíritu Santo para que Él haga su tarea. La falta de amabilidad con las personas únicamente las aleja de Él. Utilicemos el cariño y respeto como herramientas poderosas, ungidas por el Espíritu Santo, para ganar a nuestro mundo que tan golpeado está.

Mientras más alto en visibilidad nos lleve el Señor, más bondadosos ~~~~~~~~ Mientras más «posición» gocemos,

1. Cuando hable con las personas, mírelas a ~~~~~~~

Esto las hará sentir valoradas y escuchadas. Además, lo ayudará a usted a no distraerse mientras le cuentan lo que desean decirle.

2. Hágales sentir importantes.

Que sepan que lo que le están comentando o diciendo tiene importancia para usted. Interésese en lo que le están diciendo. Haga algunas preguntas para conocer más a fondo lo que le cuentan.

3. Muestre compasión.

Muchas veces, sobre todo en el liderazgo cristiano, las personas nos quieren contar sus tragedias o luchas personales. En esas instancias, manteniendo siempre los parámetros de propiedad, abrace a las personas y muéstrese compasivo a su dolor. La Biblia nos llama a llorar con los que lloran (Romanos 12.15).

4. Organícese de tal manera que su equipo de trabajo pueda darles respuestas y soluciones a las peticiones de las personas.

Es imposible, como individuos, suplir todas las necesidades de nuestros seguidores. Sin embargo, podemos organizar a nuestros equipos de trabajo de tal manera que haya quienes respondan en nombre nuestro a sus necesidades.

5. Sonría.

Es posible que esta sea una de las herramientas más sencillas pero poderosas que podamos utilizar para mostrar la amabilidad. ¡Tan fácil que es sonreír y tan beneficioso que es! Cuando las personas nos ven sonreír, les da calma en el alma. La sonrisa invita a la paz y la bondad. Nunca ha habido un mejor tiempo para que los cristianos sonriamos más que ahora.

6. No haga acepción de personas.

La Biblia es clara en sus instrucciones acerca de tratar con igualdad a todos. Abracemos a todos de igual manera. Hagamos sentir a todos igual de importantes. Su estatus social no debería tener importancia alguna en nuestro trato con ellos. Somos pastores de todos, tratemos con deferencia y corrección a cada uno.

La amabilidad no es algo que podamos fingir. Si genuinamente deseamos lo mejor para las personas que nos siguen, se notará en esto y miles de gestos más. Se notará en nuestro estilo de vida y el trato que mantenemos con todos. Si tratamos de fingir la amabilidad, se notará a distancia y será chocante, ya que las personas sabrán que no somos genuinos. Cuando brota desde lo más profundo de nuestro corazón, se notará en todo lo que hacemos.

SER SIEMPRE ALGUIEN QUE PERSIGUE LA EXCELENCIA

La excelencia es un estado mental, un compromiso personal, una decisión moral. No tiene nada que ver con tener cierto nivel de habilidad, ni con sumas de dinero. Tiene que ver con nuestra actitud. Hacer lo mejor que podamos con lo que tenemos a nuestra disposición. Esmerarse y estar atento a los detalles que hacen destacar una obra, un acto o una decisión. La excelencia brota desde lo más profundo de nuestro ser, abrazada por el corazón y ejecutada con la mente.

La mayoría de las personas que viven sin un compromiso de excelencia se la pasan buscando excusas para justificar su no acción. De hecho, una de las maneras seguras para identificar a los mediocres es por la cantidad de excusas que presentan. Mi papá una vez me dijo: «El camino al infierno está pavimentado con las excusas». No nos apoyemos en las excusas, hagamos lo mejor que podamos.

Abajo con las excusas. Arriba con la excelencia.

SER SIEMPRE ALGUIEN QUE SE CONSIDERA UN SIERVO Y ACTÚA COMO TAL

Además del deleite que hay en el servicio a los demás, y amén de que es un privilegio servir a otros, debe haber una actitud de servir a los demás. Si no existe la actitud, será servicio forzado y fingido. De nuevo, nos faltará genuinidad. La única manera de que sea genuino

corazón y es tener al mismo Espíritu ayudará a entender cuándo estamos siendo egoístas, autocéntricos o arrogantes. Su voz nos corregirá si nos permitimos escucharla. Vivamos humildemente delante del Señor y de aquellos que nos han dado el honor de liderar.

SER SIEMPRE ALGUIEN QUE AFIRMA Y ANIMA A LAS PERSONAS

La afirmación es una de las mejores herramientas que tiene un líder para mover a las personas hacia un futuro mejor. Creo que aún nos falta comprender el poder que tienen nuestras palabras, como líderes, en las vidas de nuestros seguidores. Una palabra dicha en el momento oportuno tiene el poder de elevar a las personas como ninguna otra cosa. Puede construir en segundos lo que sin ellas se tardaría años. De la misma manera, puede destruir en segundos lo que se ha tardado años en construir. Es mi deseo que mis hijos en la fe sean personas afirmadoras. Que hablen palabras constructivas, no destructivas.

En Efesios 4.29 encontramos este mandato: «No salga de vuestra boca ninguna palabra mala, sino sólo la que sea buena para edificación, según la necesidad del momento, para que imparta gracia a los que escuchan» (LBLA). Las dos cosas que deseo destacar de ese versículo son las palabras «edificación» y «gracia». Eso define a los afirmadores. Edifican y llenan a los demás de gracia. Impulsan, animan, apoyan y les abren puertas a los demás. Cuando uno es afirmador de por vida y por costumbre, tendrá muchas oportunidades de ver a Dios levantar a aquellos en quienes creímos.

En mi vida hubo muchos que creyeron en mí, me afirmaron, me abrieron puertas e invirtieron en mi vida. Aparte de mis papás, el primero en afirmarme con resultados impactantes y duraderos fue un músico y pastor llamado Pablo Casillas. Fue el primero en hacerme creer en mí mismo. Fue a él a quien escuché decir por primera vez, cuando yo tenía solo catorce años, que habría multitudes que cantarían mis canciones alrededor del mundo. Pablo no tenía idea del impacto que esto produjo en mi corazón, pero me formó el pensamiento y fortaleció mi determinación. Esa es la clase de persona que siempre deseo ser. Esa es la clase de persona que Pablo Casillas siempre fue conmigo. Me invitó a grabar con él, me dio oportunidades de cantar con él en diferentes eventos, me invitó a tocar el piano con él. Eso es lo que hace un afirmador. No solo habla, sino acciona.

Un día, una periodista me preguntó: «¿Cómo quisiera usted ser recordado?». «Quiero ser recordado como alguien que le abrió puertas a los demás». Si el mundo se acuerda de mis canciones, qué bien. Si recuerdan mis melodías o grabaciones, perfecto. Si a alguien pude ayudar con mis predicaciones, libros y programas de televisión, pues me bendice mucho. Pero en realidad lo que más quisiera hacer con excelencia es impulsar a otros. Afirmar a otros. Proveer oportunidades para que sus vidas y ministerios prosperen. Es uno de los más grandes deleites que tengo en la vida. Hay pocas alegrías que se comparen con la alegría de ver a uno de nuestros hijos en la fe cumplir el propósito de Dios para su vida. Deseo que mis hijos en la fe también experimenten ese gozo.

SOBRE TODO, LA JUSTICIA

Miriam, mi esposa, dice con frecuencia el texto que aparece en Miqueas 6.8: «Oh hombre, él te ha declarado lo que es bueno, y qué pide Jehová de ti: solamente hacer justicia, y amar misericordia, y humillarte ante tu Dios».

Cuando medito en ser justos pienso en los siguientes atributos: ser correctos. Vivir en la integridad. Que la honestidad, la honradez y el respeto nos caractericen. Emplear dignidad en nuestro trato con los demás. Hablar en favor de aquellos que no tienen una voz. Ser las manos, los pies, la boca y los brazos de Jesús en nuestro tiempo. Dar de comer a las viudas y a los huérfanos. Eso es lo que pienso cuando leo «hacer justicia».

No dudo que haya quienes leen esa frase como «hacer que todos cumplan con las reglas» y se autoasignan la tarea de ser la policía moral de la sociedad. Sin embargo, mi óptica no me permite verlo de esa manera, ya que no es mi llamado ser la policía de la humanidad. Confío más en que el Espíritu Santo haga esa tarea. Pienso que mi tarea es mostrar un ejemplo de rectitud (justicia) para que a través de mi ejemplo las personas puedan ver un modelo de cómo es una persona recta y justa. De esta manera, también cumplo con la otra encomienda de Jesús que declara en Mateo 5.16: «Así alumbre vuestra luz delante de los hombres, para que vean vuestras buenas obras, y glorifiquen a

y disciplinar como hábitos del liderazgo son acciones que se ejecutan de la manera adecuada cuando emergen de un corazón misericordioso y humilde. Y es que resulta casi imposible pensar que haya personas que no amen la misericordia o que no admiren la humildad en sus líderes. Pero el simple hecho de que el Señor nos manda hacerlo, en esas contundentes palabras del profeta Miqueas, significa que sí hay gente así. Hay líderes que nos olvidamos de ser humildes y actuar con misericordia.

Cuando nos enteramos de tantas escenas llenas de injusticias que existen en el mundo, causadas por una sencilla falta de misericordia, nos entristecemos.¿No recordamos que todo lo que sembramos cosecharemos? El que muestra misericordia, obtendrá misericordia.

Entiendo que hay quienes abusan de la misericordia. Sin embargo, prefiero errar por el lado de la misericordia que lo contrario.

Quizá alguien diga: «¿Qué si la persona merece un castigo?». Todos merecíamos el castigo eterno y, sin embargo, Jesucristo pagó por nosotros la deuda para que pudiésemos vivir libres de la paga del pecado (Romanos 5.8). La misericordia por sí misma denota que no recibimos lo que merecíamos. Todos merecíamos la muerte, pero en lugar de darnos lo que merecíamos, pagó la deuda por nosotros y nos dio lo que no merecíamos: la vida eterna (Romanos 6.23). ¿Seremos incapaces de hacer lo mismo para los demás? No agreguemos a las muchas injusticias que ya existen en el mundo el no mostrar misericordia a quien la necesita, la merezca o no. Amemos la misericordia.

Las personas que vivimos bajo el conocimiento de que todo lo que tenemos ha sido un regalo del padre de las luces (Santiago 1.17), vivimos con un agradecimiento profundo que nos humilla ante Él. Bajo ese mismo parámetro debemos insistir en caminar a lo largo de nuestra vida. Conociendo que Su gracia, que no merecíamos, la recibimos de Su parte para caminar triunfantes y victoriosos. Una de las claves para mantener humilde nuestro corazón es vivir agradecidos al Señor por todo lo que ha hecho, hace y lo que hará en y a través de nosotros, y para vivir agradecidos hay que meditar continuamente en su verdad y recordar de dónde venimos. El día que creamos que nosotros somos los arquitectos de nuestros logros será el día que dejaremos de caminar en humildad. Que nunca se nos olvide que todo lo que tenemos, el oxígeno que respiramos y la vida misma se la debemos a nuestro Todopoderoso Señor que ha puesto todo de su parte para que tengamos vida en abundancia (Juan 10.10).

Sin la ayuda y compañía del Espíritu Santo, todo lo anterior no es nada más que buena información. Vivimos completamente dependientes de Él y de Su guía y dirección. Sin Él no podemos hacer nada. Cada día vivamos con el compromiso de reconocerlo a Él en todos nuestros caminos. Consideremos cuál es Su consejo, cuáles son Sus ideas y propósitos para nuestras vidas. Nos irá mucho mejor de esa manera.

> Que nunca te abandonen el amor y la verdad:
> llévalos siempre alrededor de tu cuello
> y escríbelos en el libro de tu corazón.
> Contarás con el favor de Dios
> y tendrás buena fama entre la gente.
> Confía en el señor de todo corazón,
> y no en tu propia inteligencia.
> Reconócelo en todos tus caminos,
> y él allanará tus sendas.
> (Proverbios 3.3–6, nvi)

¡Qué privilegio es liderar!

EL MEJOR LEGADO, IMPACTO Y LA ENSEÑANZA TRASCENDENTE QUE PUEDE DEJAR UN LÍDER CRISTIANO ES UNA HERENCIA DE MISERICORDIA Y HUMILDAD.

PREGUNTAS PARA CONSIDERAR Y RESPONDER EN GRUPO

1. ¿Quién ha sido la persona que más influyó en su vida? ¿Qué valores le ha dejado como herencia?

2. ¿Cuál es la acepción de la palabra legado que más debe interesar a los líderes? ¿Por qué?

_____
_____
_____
_____
_____
_____

3. ¿Por qué cree que John Maxwell señala que la actitud es el gran facilitador?

_____
_____
_____
_____
_____

4. Enumere las cinco actitudes más importantes que quisiera ver en sus hijos de la fe de acuerdo con el criterio del autor. ¿Coincide con él en estos aspectos? ¿Podría agregar otro de acuerdo con su punto de vista?

_____

_____

_____

_____

_____

_____

_____

5. ¿Qué significa para usted ser alguien enseñable? ¿Cómo lleva a la práctica esta actitud? ¿Qué ventajas le ha traído?

_____

_____

_____

_____

_____

6. ¿Considera que usted es confrontativo o se caracteriza por la amabilidad? ¿Tiene que hacer algunos cambios en este sentido? ¿Cuáles?

_____

_____

_____

_____

_____

7. ¿Cuál es la mejor forma de proceder para alcanzar la excelencia?

_____

_____

_____

_____

_____

8. ¿Qué relación existe entre el espíritu de servicio y la humildad? ¿Cuál es la única manera de poseer humildad?

_____

_____

_____

_____

_____

_____

_____

_____

10. ¿En su vida ha tenido la experiencia de coincidir con algún líder afirmador que lo haya impulsado, animado y apoyado? Comparta esa experiencia con el grupo.

_____

_____

_____

_____

_____

11. Como líder, ¿de qué manera quisiera usted que se le recordara? ¿Qué calificativos quisiera que se utilizaran en relación con su persona?

_____

_____

_____

12. De acuerdo con su punto de vista, entre todos los legados, ¿cuál sería la mejor herencia que usted quisiera dejar?

_____

_____

_____

_____

Nos agradaría recibir noticias suyas.
Por favor, envíe sus comentarios sobre este libro
a la dirección que aparece a continuación.
Muchas gracias.

Vida@zondervan.com
www.editorialvida.com

Printed in the USA
CPSIA information can be obtained
at www.ICGtesting.com
JSHW030047090124
54972JS00011B/344